1. Isaiah Berlin.

Isaiah Berlin:
Com Toda a Liberdade

Coleção Debates
Dirigida por J. Guinsburg

Equipe de realização – Tradução: Fany Kon; Revisão: Oswaldo Viviani; Assessoria Editorial: Plinio Martins Filho; Produção: Ricardo W. Neves, Sérgio Coelho e Adriana Garcia.

r. jahanbegloo
ISAIAH BERLIN:
COM TODA LIBERDADE

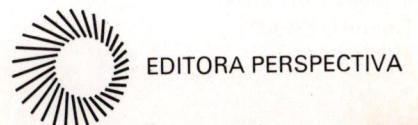

EDITORA PERSPECTIVA

Título do original em francês
Isaiah Berlin en Toutes Libertés – Entretiens avec Ramin Jahanbegloo

© Éditions du Félin

Créditos das fotos:
Fundação Giovanni Agnelli em Turim: fotos n.23, 24 (através da amável autorização de Marcello Pacini e Marco Gioannini).

Dominique Nabokov: fotos 1,17.
Agência Roger-Viollet: fotos
2,3,4,5,6,7,8,9,10,11,12,13,14,15,16,18,20,21,22.
Agência de informação Novosti: foto n. 19.

ISBN – 85-273-0077-X

Direitos reservados em língua portuguesa à
EDITORA PERSPECTIVA S.A.
Av. Brigadeiro Luís Antônio, 3025
01401-000 – São Paulo – SP – Brasil
Telefone: (011) 885-8388
Fax: (011) 885-6878
1996

*A meus pais, Khojasth Kia e
Amir Hassein Jahanbegloo.
R. J.*

Apreciei minhas conversas com o sr. Jahanbegloo, que foi um entrevistador dos mais delicados e pacientes. Permitiu-me gentilmente ler seu texto datilografado antes de enviá-lo à impressão e como é comum em tais casos, quero acentuar que a responsabilidade pela forma precisa e disposição de minhas palavras deve permanecer com o autor.

Isaiah Berlin
13 de novembro de 1990.

SUMÁRIO

Agradecimentos 15
Apresentação 17

PRIMEIRA ENTREVISTA
DO BÁLTICO AO TÂMISA 25

As Duas Revoluções Russas 25
Oxford, Anos 30 28
Minha Primeira Encomenda: Marx 33
O Círculo de Viena 37
Encontro com Dois Poetas de Gênio: Akhmátova e
    Pasternak 39
A Descoberta de Auschwitz 44
Filósofo ou Historiador de Idéias? 49
Uma Filosofia sem Filósofos? 53
O *Olho Mágico* de Leo Strauss 58

11

Da Diferença entre as Culturas 60
Do Relativismo Cultural e dos Direitos do Homem . 64
As Duas Concepções da Liberdade 68
O Debate do Pluralismo 71
A Busca do Ideal 75
Uma Ponte sobre a Mancha? 77

SEGUNDA ENTREVISTA
NASCIMENTO DA POLÍTICA MODERNA 79

Maquiavel: a Autonomia da Política 79
O Estado em Thomas Hobbes 89
Espinoza e o Monismo 93
Os Contra-Luzes: Joseph de Maistre e Edmond Burke 96
Vico ou a Filosofia Moderna da História 105
Contra Hannah Arendt 110
Ser Judeu Hoje 114
Herder e a Visão da Sociedade 119
A História das Idéias: Uma Disciplina Solitária 122

TERCEIRA ENTREVISTA
IDÉIAS POLÍTICAS À PROVA DO TEMPO 125

Sob Encomenda... 125
A Humilhação dos Alemães 128
Herder, Nacionalismo, Sionismo 131
O Relativismo do Século XVIII 139
Moral e Religião 141
Hume e a Filosofia Inglesa 144
Os Direitos do Homem 147
Verdi, Stravinski, Wagner 149
Moisés Hess: Pensar o Sionismo 153
Marx e o Movimento Socialista no Século XIX ... 156
A Esquerda e o Desmoronamento do Marxismo ... 160

QUARTA ENTREVISTA
UMA FILOSOFIA DA LIBERDADE 169

Stephen Spender: Sessenta Anos de Amizade 169
A Finalidade da Filosofia 170
Pluralismo e Democracia 177
Igualitarismo e Liberdade 180
A Filosofia de Oxford e o Positivismo 187
Bergson, Schelling e o Romantismo 193

QUINTA ENTREVISTA
IMPRESSÕES PESSOAIS 199

O Pensamento Russo no Século XIX 199
Netchaiev e o Niilismo 201
Turguiêniev 203
Dostoiévski 209
Aleksandr Herzen 212
Intelligentsia e Intelectuais 221
O Ano de 1848 226
O Ouriço e a Raposa 227
Bielinski 231
De Pasternak a Brodsky 234
Alguns Grandes Homens: Churchill, Weizmann,
Nehru 240
Georges Sorel, Bernard Lazare 245

A RÚSSIA LITERÁRIA E POLÍTICA DO SÉCULO
XIX 249
BIBLIOGRAFIA 257

AGRADECIMENTOS

Devo agradecer a todos aqueles que, a diversos títulos, me ajudaram a realizar este trabalho. Em particular a meus amigos Olivier Mongin, diretor da revista *Esprit* e Joel Roman, seu redator-chefe, o meu reconhecimento pela possibilidade que me deram de expor, de modo sistemático, a obra de Sir Isaiah Berlin aos freqüentadores da revista. Por outro lado, devo dizer que a idéia de semelhante obra não teria podido materializar-se sem o estímulo amistoso de Thierry Paquot e as observações e sugestões de meu amigo John Smyth. Do mesmo modo, foi preciosa a ajuda que generosamente me proporcionou Patricia Utechin, secretária de Sir Isaiah Berlin. Finalmente, fui apoiado e encorajado ao longo deste trabalho pelas observações instigantes e leituras críticas de meus pais, aos quais devo uma grande lição de rigor e paciência.

APRESENTAÇÃO

6 de junho de 1988. Um apartamento situado em pleno coração de Londres. Sir Isaiah Berlin, que festejará nesta noite, em companhia da esposa Aline, seu septuagésimo nono aniversário, me recebe.

Óculos de armação negra, terno de flanela cinza escuro, este *gentleman,* decididamente muito inglês, lança sobre seu interlocutor um olhar doce e freqüentemente carregado de ironia, sublinhado pelos amplos arcos brancos das sobrancelhas; sua expressão nobre e serena é, ainda mais, acentuada por uma fronte alta e poderosa. Um semblante de preferência grave que sabe se armar de um sorriso, semblante que o célebre fotógrafo Cecil Beaton há tempos fixou numa pose acolhedora e como que imperceptivelmente divertida. O homem é caloroso, sua gentileza e disponibilidade parecem inesgotáveis. Nossa conversação é aberta, amiúde tranqüila: Isaiah Berlin me interroga, em várias ocasiões, a respeito de minhas origens iranianas e sobre a orientação que pretendo dar ao meu trabalho filosófico na França.

Foi em 1976, por ocasião de uma viagem a Londres, que eu ouvi falar pela primeira vez de Isaiah Berlin. O acaso quis que, durante esta visita, eu descobrisse, na livraria De Foyles, um de seus livros, *Quatro Ensaios sobre a Liberdade*. O estilo límpido, o tom firme e direto do autor me agradaram imediatamente. Li por isso, de uma só enfiada, na noite seguinte, as duzentas páginas desta obra. Dados os meus "reflexos" de esquerda da época, não me sentia politicamente próximo de Berlin, mas sua crítica ao totalitarismo e sua rejeição radical da idéia do "futuro radioso", encontraram em meu espírito um eco tão profundo quanto as análises filosóficas e políticas de autores como Hannah Arendt ou Cornelius Castoriadis. O livro de Berlin se me afigurou assim, pouco a pouco, bem mais do que uma obra de autor, uma obra de referência, que eu não hesitava em utilizar durante minhas discussões com stalinistas franceses e iranianos. Dedicava, pois, a maior estima por esse pensador que me havia introduzido em questões que alcançavam, a meus olhos, cada dia maior importância em face dos acontecimentos do nosso mundo. Foi preciso, entretanto, esperar dez anos para que minha incansável curiosidade pudesse desembocar em um encontro com a pessoa, encontro que eu, decididamente, não mais esquecerei.

A tradução na França de *Os Pensadores Russos* em 1984 não convenceu, realmente, os intelectuais franceses da necessidade de romper o silêncio e até a desconfiança que envolvia a obra de Isaiah Berlin no país. Foi preciso aguardar a publicação de *Elogio da Liberdade* (tradução dos *Quatro Ensaios sobre a Liberdade*) para que a figura de Berlin saísse um pouco da sombra onde a confinavam. Reencontrar a obra de Berlin foi para mim uma excelente ocasião de introduzi-la no círculo de freqüentadores da revista *Esprit*. No mesmo momento, por uma coincidência de circunstâncias, aliás rara, pude entrar em contato com Sir Isaiah Berlin, em Oxford, e obter sua anuência para uma entrevista sobre sua vida e obra, destinada a aparecer na *Esprit*.

Recebi a confirmação de Berlin como um presente inesperado da vida, pois, após mais de dez anos de amizade com seus livros, jamais alimentara a esperança de ver satisfeito meu intenso desejo de o encontrar. Uma rápida troca de correspondência conduziu-me, portanto, a este famoso 6 de junho de 1988. De volta à Paris, um editor parisiense, a quem propus a publicação desta entrevista, encorajou-me a completar o livro com outras entrevistas capazes de dar melhor a conhecer Berlin na França. Em dezembro de 1988 retomei, pois, minha maleta de viagem e voltei a Londres. Isaiah Berlin acolheu-me com seu bom humor habitual. As entrevistas se desenrolaram em seu apartamento da capital inglesa durante quatro dias consecutivos. Tempo suficiente para que meu hospedeiro pudesse relembrar, por vezes, e mais freqüentemente desenvolver todos os temas que tinham uma ligação direta ou indireta com sua vida e sua obra.

Que me seja permitido aqui completar este testemunho acrescentando-lhe algumas palavras sobre o trabalho de Isaiah Berlin. Claro, a simples leitura das páginas que se seguem mostrará, tais como se apresentam, por meio desta série de entrevistas, as diferentes articulações do pensamento berliniano, expressas em uma linguagem concisa e clara, ao mesmo tempo. Gostaria, entretanto, de sublinhar o que, no meu modo de ver, representa a chave da abóboda desse pensamento e constitui, concomitantemente, sua unidade e originalidade. Não é preciso dizer que estas não se encontram de modo algum em uma espécie de dogmatismo político ou numa forma de apriorismo metafísico. Elas são de fato os frutos da tentativa berliniana de traçar e de consolidar as condições de possibilidade de uma espécie plural de liberdade – lugar privilegiado do questionamento filosófico, segundo Berlin – em face ao sentimento de "agorafobia" que impele os homens a aceitar atitudes deterministas e monistas da história. Isaiah Berlin é, assim, levado a criticar todo o sistema racional que pretenderia ter uma objetividade histórica supra-individual, e reivindica uma maneira de pensar que rejeita toda solução aos conflitos de idéias pelo viés de uma síntese absoluta. É nesta medida que ele retoma o modelo, concebido por Vico, da história como domínio da prática humana por excelência. Os discursos e a ação políticos não são, portanto, inteligíveis aos olhos de Berlin, salvo num contexto de um confronto face a face onde as opiniões humanas entram em conflito. Essa argumentação fica mais claramente precisa por meio do exame minucioso daquilo que o autor denomina as "duas concepções da liberdade".

Considerada um clássico da teoria política, a célebre conferência de Isaiah Berlin, "Duas Concepções da Liberdade" permanece, mais de trinta anos após seu aparecimento na Grã-Bretanha, um ensaio de referência que continua a dominar todas as discussões dos filósofos anglo-saxões sobre a liberdade política. Embora tenha sido muito criticada, esta conferência é, ainda hoje, o fundamento conceitual da maioria de nossos discursos políticos. A primeira concepção, chamada, desde Berlin, a "liberdade negativa", é a liberdade de desejar ou de preferir aquilo que desejamos, independentemente das interferências de outrem. É a possibilidade de realizar nossos projetos sem constrangimento, sem entraves. Contra ela, Berlin apresentou a "liberdade positiva", que não coloca mais ênfase sobre o indivíduo como nó legítimo dos desejos, mas sobre o indivíduo como agente moral racional que tem a capacidade de escolher considerando o ideal que deveria perseguir. A liberdade positiva é, portanto, concebida como uma resposta à pergunta: "Por quem devo ser governado?", enquanto a liberdade negativa é uma resposta à questão: "Até onde devo ser governado?" Daí a urgência, segundo Berlin, de mostrar em política "as aberrações da liberdade positiva, mais do que as da liberdade negativa".

Alegando assim a falsidade de todas as doutrinas autoritárias que analisam o conceito de liberdade como um princípio positivo do domínio de si da comunidade humana, Isaiah Berlin empenha-se firmemente em preservar a concepção negativa da liberdade, isto é, aquela que determina os limites impostos à liberdade individual como a condição *sine qua non* de uma perpétua rivalidade dos fins humanos. Sua tentativa consiste, pois, em esvaziar o ideal de uma perfeita harmonia de valores para poder aumentar o campo de ação da autonomia e da responsabilidade individuais.

O pluralismo [nos diz Berlin] com este grau de liberdade "negativa" que implica, parece-me um ideal mais verídico e mais humano do que o ideal do domínio de si "positivo" das classes, dos povos ou da humanidade no seu todo que alguns crêem encontrar nos grandes sistemas bem ordenados e autoritários. É mais verídico porque reconhece que os fins humanos são múltiplos, nem sempre comensuráveis e em perpétua rivalidade uns com os outros.

No fundo, o procedimento pluralista de Berlin torna-se cada vez mais visível por meio da imagem que ele nos projeta das personagens históricas e das circunstâncias historicamente específicas, em que se reúnem suas vidas interiores e suas ações públicas. Não mais nos surpreende, a partir daí, que Berlin fale de Maquiavel como aquele que "foi, a despeito de si mesmo, um dos pais do pluralismo". Ocorre o mesmo com pensadores como Vico, Herder, Haman ou Herzen: segundo Berlin, cada um deles levanta o desafio de salvaguardar a particularidade vivente das experiências culturais e humanas em face do monismo dos sistemas filosóficos que pretendem explicar o universo. Existe, por conseguinte, um vínculo, uma afinidade, entre a tentativa anticartesiana da *Scienza Nuova* de Vico e a atitude radical adotada por Herzen com respeito a doutrina hegeliana. Do mesmo modo, quanto a Berlin, poder-se-ia fazer uma aproximação entre a atitude anti-racionalista e antiuniversalista dos principais pensadores "contra-luzes", a saber Hamann e Herder e o autor de *Cartas Persas*, quando declara em seus *Pensamentos*, que "nunca se cometeu engano mais grosseiro do que quando se quis reduzir a sistema os sentimentos dos homens e, sem contradizer, a pior cópia do homem é aquela que se encontra nos livros, que são um amontoado de proposições gerais, quase sempre falsas". E o que leva Isaiah Berlin a tomar a defesa de pensadores "esquecidos" como Vico e Herder contra pensadores "conhecidos" como Platão, Hegel e Marx, é a crítica que eles dirigem contra o que Berlin chama de "monismo otimista". Ou, "nada é mais fatal, para Berlin, em moral ou em política, do que as idéias únicas, mesmo nobres, nas quais se crê fanaticamente". Puro produto do empirismo britânico, como confessa na entrevista, Isaiah Berlin condena toda pesquisa do absoluto, como o fim da rivalidade perpétua que existe entre os valores humanos. Em outros termos, aquele que admite que os homens são seres livres e responsáveis, não pode crer nos princípios sagrados que pretendem determinar, de uma vez por todas, a ação dos homens na história.

Compreende-se assim a recusa de Berlin em afirmar a natureza sagrada da propriedade. Do mesmo modo quando declara, apesar de seu apego aos princípios básicos do liberalismo inglês, que "não está pronto a morrer pelo sistema capitalista", cumpre refletir aqui, duas vezes, antes de classificá-lo entre os pensadores neoliberais como Friedrech von Hayek ou Milton Friedman. Pois, mesmo se Berlin considera a política liberal como a melhor solução atual para se chegar ao que denomina "a decência elementar", ele não a considera, entretanto, como a solucão absoluta. Ser liberal, para Berlin, é crer na liberdade e na igualdade como princípios, ao mesmo tempo recusando certos postulados fundamentais do sistema liberal como, por exemplo, a idéia da possibilidade de instaurar uma sociedade harmoniosa apelando para os direitos naturais e inalienáveis do homem. Definitivamente, a idéia da liberdade é inseparável, em Isaiah Berlin, de uma reflexão sobre o uso da liberdade. A afirmação radical da liberdade individual depende, pois, segundo ele, do espaço político, no interior do qual as escolhas individuais permanecem abertas. O que significa que, para Berlin, as regras liberais não são as "melhores", como em Hayek, porque elas emergem logicamente de um certo processo de seleção histórica, mas porque oferecem ao indivíduo social uma maior possibilidade de escolher e de escapar aos diferentes esquemas da manha da razão. Assim, na visão monista do indivíduo, o indivíduo narcísico indiferente aos outros, Berlin opõe sua visão pluralista,

isto é, a idéia de que existem muitos fins diferentes que os homens podem perseguir mantendo-se plenamente racionais e permanecendo seres humanos completos, capazes de compreensão e simpatia, capazes de encontrar a luz nos outros, como nós a encontramos nos mundos ou pensamentos muito distantes dos nossos.

Notemos, todavia, que Berlin não se detém na brilhante diversidade dos mundos e dos pensamentos, em suas múltiplas variações, sem procurar trazer à luz as relações que permitem construir uma perspectiva racional. Compreende-se, por conseguinte que, para este espírito curioso e intrépido, inimigo de toda forma de sectarismo, a filosofia vive também de relações que ele estabelece com outros conhecimentos: a ciência política, a história, a literatura, a música etc. Com efeito, Berlin recusa ardentemente tudo quanto poderia entravar a liberdade do espírito e o exercício da inteligência. Mas é sobretudo na qualidade de reflexão sobre o pensamento político pluralista que a obra de Isaiah Berlin se apresenta como o símbolo da coragem e da liberdade de um *Aufklärer* contemporâneo que atribui estranhamente "maior interesse aos adversários do que aos campeões que defendem as idéias nas quais ele crê".

Ramin Jahanbegloo
Paris, outubro 1990

PRIMEIRA ENTREVISTA
DO BÁLTICO AO TÂMISA

AS DUAS REVOLUÇÕES RUSSAS

Ramin Jahanbegloo – *Antes de tudo, quero agradecer-lhe por haver aceito esta série de entrevistas. Para começar, gostaria, se o senhor me permitisse, de colocar algumas questões de ordem biográfica sobre suas experiências passadas e sobre as influências que elas puderam exercer sobre seu pensamento.*

O senhor nasceu a 6 de junho de 1909, em Riga, e deixou a Rússia com seus pais quando tinha dez anos. Restaram-lhe lembranças deste período, em particular das condições de sua imigração?

Isaiah Berlin – Em 1915 deixei Riga com meus pais e fui para Petrogrado[1], em 1919 deixamos esta cidade. Foi,

---

1. São Petersburgo, fundado em 1703 por Pedro, o Grande, é rebati-

pois, em Petrogrado que testemunhei a Revolução Russa; eu tinha oito anos. Lembro-me muito bem da primeira Revolução Russa. Havia ajuntamentos, caixeiros, a multidão nas ruas, o entusiasmo, cartazes com rostos dos membros do novo ministério de Lvov[2], mais de vinte partidos faziam a propaganda para a Assembléia Constituinte. Não se falava muito da guerra, este assunto era um tabu absoluto nos círculos que freqüentava minha família. A revolução liberal fora muito bem acolhida pelos judeus e pela burguesia liberal. Mas tudo isso não durou muito tempo. A revolução bolchevique estourou em novembro. Minha família e nossos amigos sabiam pouca coisa do que se passava. O primeiro sinal foi uma greve geral contra a tomada de poder pelos bolcheviques. Um certo número de jornais desapareceu. Havia, lembro-me, um jornal liberal, *O Dia*, que reapareceu sob o título *A Tarde*, depois *A Noite*, depois *A Meia-Noite*, por fim *A Noite Negra*, antes de desaparecer, quatro ou cinco dias mais tarde. Ouvia-se ao longe tiros que, pensava-se, durariam quando muito duas ou três semanas. Se o senhor olhar o *Times* de Londres, poderá ler artigos do embaixador russo em Paris: ele predizia um fim rápido do *putsh*. No diário inglês, chamava-se os bolcheviques de "maximalistas" e não eram considerados como uma força maior. Pouco a pouco, Lênin e Trótski nos apareceram como as duas figuras dominantes da revolução. Meus pais, burgueses liberais, pensavam que Lênin se preparava para construir uma sociedade na qual não poderiam continuar a viver; consideravam Lênin como um fanático perigoso, apesar de autêntico lutador, honesto e incorruptível, uma espécie de pálido Robespierre. Quanto a Trótski, o tomavam por um sujo oportunista. Com meus oito anos, não compreendia por que era vista em termos tão fortes esta diferença entre os dois homens. Não eram evocados separada-

---

zada de Petrogrado em 1914, antes de tornar-se, em 1924, Leningrado, e novamente São Petersburgo em 1992.

2. O governo provisório do príncipe George Lvov é breve (14 de março a 25 de julho de 1927). Kerenski que o sucede já havia tomado todos os poderes desde 5 de maio.

mente. "Lênin e Trótski" era pronunciado num sopro, um pouco como o nome de uma firma. Os únicos que permaneceram leais ao governo czarista, lembro-me, foram os policiais. Não se menciona muito este aspecto nos livros. Os policiais eram chamados os faraós das ruas, os opressores do povo. Alguns deles atiravam sobre os revolucionários a partir de terraços e celeiros. Tenho ainda na memória a visão de um policial muito pálido e que se debatia, a multidão o arrastava para a morte certa – uma visão terrível que jamais esqueci; isto me deixou para sempre um sentimento de horror pela violência física.

O senhor teve dificuldades para deixar a Rússia após a revolução?

Não. Minha família vinha de Riga, que se tornou capital de um Estado independente[3]. Se a gente apresentava prova de que era natural da Letônia, eles deixavam partir. Abandonamos a Rússia e fomos para a Letônia. Meu pai era negociante de madeira, fornecia dormentes para as estradas de ferro russas. Ele continuou a trabalhar para o novo governo da Rússia Soviética durante uns dois anos, mas no final, é claro, não suportou mais. Jamais nos tocaram: nem meu pai, nem nenhum membro dos meus familiares foi preso ou molestado. Lembro-me de pessoas fazendo fila para comprar pão ou qualquer outro gênero que pudessem encontrar. Meus pais me deixavam guardando nosso lugar nessas filas, que poderiam durar, quando muito, quatro ou cinco horas. Uma distribuição de sopa popular situada na proximidade de nossa rua fornecia um pouco de alimento, e um pequeno cinema exibia filmes socialistas sobre a perseguição dos revolucionários do século XIX pelo regime czarista – não existiam ainda filmes comunistas; cantores de rostos emaciados cantavam árias de Mozart e Rossini. Essas lembranças são as de garoto. Vivíamos todos juntos

---

3. A Letônia proclama sua independência em novembro de 1918, sendo esta reconhecida pela Rússia soviética em 11 de agosto de 1920 (*Tratado de Riga*).

num pequeno quarto; de fato não era possível aquecer mais do que um cômodo. Porém não sentia medo, não tinha a sensação de ser oprimido; eu era, sem dúvida, muito jovem para compreender o que se passava e meus pais raramente falavam sobre nossa situação.

Como chegaram à Inglaterra?

Primeiramente fomos para o campo, depois nos instalamos em Londres. Entrei para uma escola primária, de início, nos arredores de Londres; nesta época eu falava um pouco o inglês, mas meus pais não falavam a língua. Não encontramos muitos russos, nem mais tarde, aliás. Meus pais não sentiam saudades de Riga ou da Rússia. Meu pai era visceralmente anglófilo e eu fui educado com a convicção de que um inglês jamais praticaria o mal. Eu conservava meu russo, principalmente, acho que por meio da leitura de nossos clássicos. Hoje, ainda, falo o russo fluentemente; por ocasião de minhas visitas à União Soviética, tomavam-me, às vezes, por homem do lugar. Em minha escola havia um menino russo chamado Bilibine, cujo pai era um pintor famoso. Seu filho continua sendo um escrupuloso monarquista russo. De vez em quando, eu e ele conversávamos em russo. Mas, de fato, encontrei poucas pessoas falando minha língua materna e o meu russo deve-se, sobretudo, à leitura e ao que assimilei em minha infância.

OXFORD, ANOS 30

Em seguida, o senhor recebeu uma bolsa de estudos para Oxford. Pode nos dizer quais eram, nesta época, as principais correntes intelectuais de Oxford?

Não vejo muito claramente o que o senhor entende por "correntes intelectuais". Não penso que se possa identificar correntes desse gênero – na realidade são as filosofias de vida, as idéias dominantes, o cruzamento com outras idéias dominantes, como foi o caso nas universidades européias e, com certeza, nas universidades russas antes da Revolu-

2. Riga (Letônia), no começo do século. Carregamento de madeira a bordo dos barcos. O pai de Isaiah Berlin, negociante de madeira, fornecia dormentes para as estradas de ferro russas.

ção. Não creio que os *animateurs des idées* (animador de idéias) sejam um fenômeno tipicamente inglês. Posso estar enganado. Simplesmente não me deparei em Oxford com esse tipo de intelectuais interessados pelas idéias gerais ou com partidários apaixonados por idéias políticas ou sociais ou ainda estéticas, com discípulos e opositores. Foi no egresso da universidade que pude encontrar tais pessoas.

Elas realmente não existem?

Ora bem, é verdade que eu estou forçando um pouco a barra. Elas existem. Quando era estudante nos anos 30, havia os socialistas, os liberais, os conservadores, o diretor de Balliol[4], A. D. Lindsay, era um social-democrata de primeira linha, Douglas Cole exercia uma influência acentuada sobre os estudantes. Tínhamos A. L. Rowse (nesta época, socialista) e, um pouco mais tarde, Richard Crossman, A. J. P. Taylor, Patrick Gordon-Walker. Mas, dificilmente, poder-se-ia definir todas elas como uma poderosa corrente intelectual. Tínhamos jovens poetas, muita gente que escrevia. Eu editava uma revista intelectual denominada *Oxford Outlook* que, dois anos antes, tivera por editor o poeta Wystan Auden. Líamos Auden, Spender, Day Lewis, MacNeice[5]. Tenho a mesma idade que Stephen Spender, ele é um de meus melhores amigos, durante todo esse tempo nossas vidas têm corrido lado a lado. Ainda estudante em Oxford, ele escrevia belos poemas. A maioria dos estudantes de mi-

---

4. Uma – entre as mais antigas (1263) – das vinte e quatro faculdades (*colleges*) de Oxford. Isaiah Berlin fez seus estudos no *Corpus Christi* (1517) e residiu por muito tempo em *All Souls* (1438).

5. Estes quatro poetas, nascidos entre 1904 (Day Lewis) e 1909 (Spender), formaram entre 1930 e 1935 o que se chamou a Escola de Auden, nome de seu líder Wystan Hugh Auden: nascido em Nova York em 1907, casa-se com a filha de Thomas Mann. Leciona nos Estados Unidos e torna-se cidadão norte-americano em 1946, mas volta regularmente à Europa e ensina a poesia em Oxford. Além de poesia (*A Era da Ansiedade*, 1947, *O Escudo de Aquiles*, 1955) e teatro, devemos-lhe ensaios como *The Dyer's Hand*, 1962. Morreu em Viena em 1973, dez anos depois de Louis MacNeice e um ano após Cecil Day Lewis. Este pequeno grupo reagiu contra a indiferença social, contra o falso romantismo e todas as formas de declamação.

nha geração era apolítica. Mais tarde, é claro, apareceram radicais e comunistas, como meus amigos N. O. Brown, Philip Toynbee etc. Mas nada comparável, digamos, a Paris antes da guerra, com personalidades como Merleau-Ponty ou Sartre. Nós éramos liberais, detestávamos Mussolini, Franco e (alguns dentre nós) Stálin, assim como, naturalmente, Hitler e todos os ditadores de menor escala que emergiam então no sudeste da Europa.

Que se passava na França, quando eu era estudante? Barbusse, Romain Rolland, Gide exerciam uma influência política real? Eu não gostaria que se pudesse deduzir daí que nós éramos, por ocasião dos meus estudos ou de imediato antes da guerra, quando comecei a ensinar, passivos no plano político. Meus amigos e eu éramos antifascistas, enviávamos pacotes pelos correios para os partidários do governo republicano espanhol. Mas não posso dizer que eu pudesse emitir pontos de vista políticos diferenciados em relação a uma sustentação de ordem geral dos movimentos liberais e das forças progressistas.

Havia o Labour Club, a cujas reuniões, alguns dentre nós assistiam de tempos em tempos. Em meados dos anos 30, um almoço semanal era organizado por Douglas Cole; dele participavam, lembro-me, Crossman, Gordon-Walker, Packenham, Rouse, os filósofos Alfred J. Ayer, John Austin, Stuart Hampshire, Hugo Jones, o excelente historiador especialista em Roma, e Christopher Hill (eu não sabia nesta época que ele era comunista, mas creio que não escondia este fato), assim como o eminente economista James Meade, o mais puro liberal que jamais conheci. Ele ainda está entre nós, estou feliz em dizê-lo, é um homem de minha idade, a respeito do qual sempre senti que em caso de crise, uma revolução durante a qual não saberia claramente o que fazer, se o seguisse, evitaria toda ação indigna ou vil e estaria, senão politicamente ao abrigo, ao menos, com certeza, em segurança no plano moral[6].

---

6. Por seus trabalhos James Meade ganhou o Prêmio Nobel de Ciências Econômicas, em 1977.

Nessa época, na França, a filosofia bergsoniana exercia uma enorme influência.

Na Inglaterra, nenhum filósofo exercia uma influência comparável à de Bergson na França ou de Croce na Itália. Nenhum filósofo dava conferências assistidas pelas damas da moda. Disseram-me que em Paris os criados das senhoras da sociedade seguiam as conferências no anfiteatro onde falava Bergson; chegavam com uma hora de antecedência e assistiam à palestra anterior, digamos, de um professor de arqueologia assíria; o conferencista e seus colegas sentiam-se deveras surpresos de encontrar a sala cheia, ocupada por um grande número de pessoas bizarras, que não tinham o ar de universitárias. Tão logo terminado o encontro, o auditório se levantava e dava lugar às *smart ladies* vindas em bando para ouvir o professor Bergson. Nada semelhante ocorria na Inglaterra, não há dúvida, desde a época de Thomas Carlyle[7].

Nesta época, em Oxford, não havia então uma atividade política muito grande?

Sim, sem dúvida nenhuma, existia um clube socialista assim como um clube comunista, e as preocupações de ordem estética cediam lugar aos centros de interesses políticos. O ponto de ruptura em Oxford foi, eu diria, a crise financeira de 1931. Ela varreu o esteticismo dominante que tanto marcara Oxford dos anos 20. Harold Acton, Cyril Connolly[8], Evelyn Waugh, Brian Howard eram tipicamente "estetas", é assim que os denominavam. Jean Fayard, aliás, escreveu um livro a este propósito intitulado *Margaret e Oxford*, que, creio eu, deve ser muito pouco lido. A grande maioria desses estetas está perdida para a história. Fazer pouco das convenções acadêmicas e ter esperança de sobreviver no mundo exterior implicavam um certo grau de

---

7. Ou seja, meados do século XIX.
8. Cyril Connolly (1903-1974), ensaísta e romancista inglês, co-fundador e diretor da célebre revista *Horizon*. Desempenhou um papel decisivo nos meios literários da Grã-Bretanha. É autor de: *O Túmulo de Palynura, Maré Baixa, Os Diplomatas Desaparecidos*.

segurança financeira, contar com o amparo de pais ou de professores. A crise de 1931 castigou duramente a sociedade de afluência, e este tipo de apoio tornou-se, daí por diante, precário. Depois do que, este esteticismo conheceu seu declínio e a política de esquerda ocupou o proscênio. Não obstante, não penso que isso pudesse parecer-se à agitação que conheceram Paris ou a República de Weimar, antes da ascensão de Hitler. Nem por isso o *Zeitgeist*, o espírito do tempo, deixou também de me atingir. Escrevi um livro sobre Karl Marx que, para minha grande surpresa, ainda se encontra nas livrarias.

O senhor acha que o seu interesse pela história das idéias tenha sido profundamente influenciado por suas experiências políticas e filosóficas em Oxford?

Não exatamente. Antes de tudo, a existência da União Soviética não podia deixar de me abalar. Jamais me sentira atraído, quer pelo marxismo quer pelo regime soviético, apesar de meus pais não terem sido perseguidos por ele e chegarem à Inglaterra sem sofrerem nenhum tipo de coação. Mas guardava de forma muito viva lembranças do regime soviético que não eram felizes: uma ou duas pessoas que conhecêramos haviam sido fuziladas bem no início de 1918, e não por razões políticas. Não havia nenhuma explicação para o caso. Um grande número de execuções ocorreram – o terror, nada comparável àquele que se desenvolveu sob o domínio de Stálin mas, ainda assim, muitas pessoas foram fuziladas por motivos que nunca foram revelados ao público, senão em termos gerais do tipo "inimigos da União Soviética", "especuladores", "contra-revolucionários", "esbirros da burguesia" e outros do mesmo calibre.

MINHA PRIMEIRA ENCOMENDA: MARX

Algum membro de sua família foi executado?

Não. Nenhum de meus parentes foi executado ou mesmo preso. Minha família, já lhe disse, não foi tocada, o terror nos rodeava, porém não chegou até nós. Partimos em férias de verão de maneira perfeitamente normal, não sofríamos privações, dispunhamos de suficiente alimentação e combustível para viver. Não tinha a sensação de terror, mas o que tinha, em compensação, ainda criança, era uma vaga consciência do desmoronamento de uma sociedade. Em troca, nenhuma consciência do nascimento de uma outra, nova. Meus pais conheceram então um período de distensão, entre os meses de fevereiro e outubro de 1917, quando não havia censura, dispunham de uma grande quantidade de jornais, os *meetings* se sucediam, ouviam-se belos discursos, era a embriaguez geral. Em 1919, tudo isso mudou. Eu sentia intuitivamente, junto aos membros mais velhos de minha família, uma tomada de consciência quanto à importância das idéias políticas na história dos homens. Talvez aqueles que freqüentavam a escola durante o período dos sovietes a sentissem ainda com mais intensidade, mas eu estudava em casa. De qualquer modo, o resultado dessa atmosfera, em que circulavam idéias políticas, foi de que a liberdade, a igualdade, o liberalismo, o socialismo tiveram para mim um conteúdo desde a primeira infância. Não aconteceu o mesmo para alguns de meus condiscípulos na escola, e depois na universidade. Os estetas Cyril Connolly, Bernard Spencer, Louis MacNeice e outros não alimentavam, a meu ver, este gênero de reflexões quando eram estudantes nem, sem dúvida, quando ficaram mais velhos. Auden, Spender e Day Lewis, eles o tiveram com certeza.

Mas houve um outro acontecimento que exerceu impacto sobre mim. H. A. L. Fisher, eminente historiador e diretor de um colégio de Oxford, era diretor literário na Home University Library – dirigia uma coleção de livros de divulgação para o grande público e, em 1933, Fisher pediu-me para escrever um livro sobre Karl Marx dentro desta coleção. Fiquei extremamente surpreso com esta oferta; eu não manifestara, efetivamente, nenhum sinal de interesse particular pelo assunto, se bem que me interessasse pelo terreno geral das idéias assim como pela filosofia. Já em 1933 adorava conversar a respeito de idéias sociais, políticas, literárias, artísticas, mas, até então, não tinha interesse particular por Karl Marx. Fisher havia oferecido inicialmente a tarefa do livro a Harold Laski, que recusara. Depois foi a vez de Frank Packenham, hoje Lord Longford, que também declinara da oferta. Em seguida pediu-se a Richard Crossman e sem dúvida a outros, e todos recusaram. No fim de contas, Fisher me fez a proposta e eu disse a mim mesmo que, ora bem, o marxismo evidentemente vai ter importância, exercer uma influência cada vez maior, e não o inverso. Eu havia lido uma parte da obra de Marx, é claro, mas não muito. *O Capital* era um livro que constava do programa para o exame que prestara no quarto ano, como complemento a Adam Smith e Ricardo, mas eu o julgava difícil. Além do mais, queria conhecer o ensinamento de Marx, saber por que as fileiras de seus adeptos engrossavam por toda a parte. Se jamais escrever sobre ele, pensei, nunca o lerei, posto que no estudo de *O Capital* encontrei freqüentemente páginas, em particular no início, totalmente ilegíveis (foi o caso de Keynes, mas provavelmente não pelas mesmas razões). Assim, obriguei-me a ler profusamente Karl Marx. Meu alemão não é dos piores, razão porque me pus a ler parte em alemão, parte em inglês e parte em russo, da edição mais autorizada das obras de Marx e Engels que Hitler proibiu em 1933, mas que continuaram a aparecer em Moscou, em russo.

Creio que foi Bakúnin quem traduziu O Capital *pela primeira vez para o russo.*

É sim, ele começou a tradução mas não a completou. Por este motivo houve uma polêmica que causou sensação. Marx começou a imputar a Bakúnin todos os tipos de tramóias. A primeira tradução completa de *O Capital*, em russo, que corresponde ao tomo I[9], foi realizada por um professor de economia da Universidade de Kiev; a censura da Rússia czarista fechou os olhos, o censor achou que se tra-

---

9. Marx publicou o tomo I em 1867. Foi no Congresso de Haia, de 1872, que Bakúnin e seus partidários foram excluídos da 1ª Internacional por Marx e os representantes do socialismo autoritário.

tava de um livro tão abstruso que ninguém iria longe em sua leitura.

Nesta época o senhor já havia lido Lênin e Trótski?

Ainda não, mas o fiz mais tarde, quando comecei a trabalhar sobre Marx e o marxismo. Depois empreendi a leitura dos precursores de Marx, os enciclopedistas. Li Helvétius, d'Holbach, Diderot. Já conhecia muito bem Rousseau. Em seguida comecei a me debruçar sobre o que se chamavam os "socialistas utópicos" – Saint-Simon, Fourier, Owen – e algumas de suas doutrinas e de suas teorias me fascinaram. Dei uma olhada em Rodbertus, Louis Blanc, Moisés Hess. Depois deles, Plekhanov, um escritor marxista realmente brilhante. Sua leitura me cativou por completo: polemista, cheio de espírito, muito fácil de ler, trazendo uma massa de informações, sempre racional e claro. Deu-me vontade de ir mais adiante na leitura de escritores marxistas, muito mais, ouso dizê-lo, do que cavocar na do próprio Marx. Li Engels que é, naturalmente, um escritor muito mais claro do que Marx, mesmo se leva menos longe a análise. Li ainda Plekhanov, com grande prazer. Foi ele, como bem sabe, o verdadeiro pai do marxismo russo, exerceu uma grande influência sobre Lênin, antes de brigar feio com ele[10].

Lia estes autores e começava a dar conferências sobre eles. Foi assim que encetei um trabalho acerca de um tema que praticamente nada tinha a ver com aquilo que eu ensinava para meus alunos. Em Oxford, ninguém parecia sentir o menor interesse pelo pensamento francês do século XVIII. Depois de minhas conferências, começou a haver certo interesse pelo assunto. Eu era membro da extraordinária Lon-

---

10. George Plekhanov (1856-1918) pertenceu em sua juventude aos populistas ou *narodniki* (do russo *narod*/povo) de tendência moderada. Autor, principalmente, do *Ensaio sobre o Desenvolvimento da Concepção Monista da História*, 1895, *A História do Pensamento Social Russo* e fundador com Lênin, em Genebra, em 1990, do periódico *Iskra* (*A Faísca*). Retornou à Rússia quando da revolução de fevereiro de 1917, se opôs à tomada do poder pelos bolcheviques.

don Library, cuja coleção era particular e onde eu encontrava pilhas de livros russos antigos que um dos bibliotecários, um eslavo extremamente erudito, reunia com cuidado. Foi lá que encontrei um livro de alguém que ouvira falar vagamente, Aleksandr Herzen. Tudo o que sabia dele era que fora amigo de Turguiêniev e de Bakúnin. Herzen tornou-se meu herói para sempre. Um escritor maravilhoso, um pensador político avisado e honesto, assim como uma criatura infinitamente original. Sua autobiografia é talvez a melhor que jamais li, melhor mesmo do que a de Rousseau. Foi Herzen que me deu realmente o gosto que tenho pela história das idéias sociais e políticas. Foi isso que na verdade me impulsionou.

O CÍRCULO DE VIENA

Qual foi sua atitude face à atividade filosófica em que se engajavam, nesta época, seus colegas no domínio do positivismo lógico?

Não houve positivistas lógicos de estrita obediência em Oxford, com exceção de Alfred J. Ayer. Ele foi o seu precursor. Ia à Viena, assistia às conferências e aos seminários do Círculo de Viena e, em 1936, publicou seu famoso livro *Linguagem, Verdade e Lógica* que é, de alguma forma, o manifesto deste movimento. Um livro escrito em belo inglês, claro, incisivo, inteiramente legível, inclusive por aqueles que não eram filósofos profissionais. A filosofia dominante em Oxford, antes da guerra, era uma espécie de realismo filosófico dirigida sobretudo contra Hegel e o idealismo: estudava-se e criticava-se Locke, Berkeley, Hume e Kant. Os que liam grego estudavam também, certamente, Platão e Aristóteles, que exerciam talvez menor influência. Não é exato dizer que os anos 30 foram dominados pelo positivismo lógico; formavam-se grupos, tanto em Londres como alhures, mas o caráter dominante dessa corrente estabeleceu-se mais tarde. Acho que a origem foi o livro de Ayer. É possível que meu amigo Ayer, meu companheiro em Oxford, pudesse considerar que, pelo fato de ter sido ele próprio inteiramente absorvido pelo movimento e, sem nenhuma dúvida seu primeiro e mais vigoroso apóstolo, este movimento predominasse mais amplamente entre os filósofos ingleses do que na realidade ocorreu. Porém sua influência foi, é verdade, considerável. A origem do positivismo lógico vem de Viena. Em Cambridge houve positivistas revisionistas, ao lado de pessoas como Ludwig J. Wittgenstein, Frank Ramsey, Braithwaite e seus discípulos. Não se pode ignorar a influência dos primeiros escritos de Bertrand Russell e de George E. Moore. Em Oxford, mesmo depois da guerra, o positivismo teve de lutar contra algo que se chamava de "filosofia de Oxford", uma espécie de empirismo geral não doutrinário, conjugado com uma análise da linguagem. Denominou-se, por vezes, este movimento, de empirismo radical. Fazia parte de uma velha tradição inglesa que no fim de contas se abeberou em Locke, Berkeley, Hume, Mill, Moore e Russell. As doutrinas de Russell não eram neopositivistas, ainda que este movimento haja extraído, em parte, suas fontes nestes trabalhos totalmente novos.

Lembrei-me disto porque o senhor escreveu sobre o assunto, não é?

Por certo. Escrevi sobre isto porque estava interessado, mas achava que os positivistas lógicos se encontravam longe do caminho, em falso atalho, alguns deles eram excessivamente fanáticos.

O senhor ainda é desta opinião?

Sim, mas o senhor sabe, não há mais verdadeiros positivistas lógicos, que eu saiba. Eles tiveram, como lhe disse, um poder nada desprezível. Homens como Moritz Schlick, Rudolf Carnap e Waismann exerceram influência sobre importantes filósofos ingleses como Ryle, Wisdom, assim como em Harvard, Willard Quine e seus alunos.

Quine parece exercer uma grande influência nos Estados Unidos?

É verdade. Mas tenho a sensação de que o filósofo que possui maior influência neste país, atualmente, é Donald Davidson. E no ápice o talentoso Saul Kripke[11].

ENCONTRO COM DOIS POETAS DE GÊNIO: AKHMÁTOVA E PASTERNAK

Durante a Segunda Guerra Mundial, o senhor trabalhou para o Foreign Office em Washington e em Moscou. Será que a mudança de cenário, para o senhor que vinha de Oxford e descobria os horrores da guerra, não foi muito dura?

Horrores não havia em Washington, ali tudo era vergonhosamente confortável e muito interessante. Eu fazia parte do grande corpo de funcionários britânicos. Alguns, aos quais me incluo, sentiam-se verdadeiramente envergonhados com seu estado de segurança enquanto terríveis sofrimentos eram infringidos a seus concidadãos, aos habitantes da Europa e de outras partes do mundo.

E sua permanência em Moscou?

O senhor pode imaginar a transição brutal que esta representou para mim. Comecei a trabalhar em Nova York em 1941 para a propaganda britânica, depois fui transferido

---

11. Moritz Schlick (1882-1936) que fundou, no fim dos anos 20, o Círculo de Viena. Autor de *Questão de Ética* (1930), foi assassinado na capital austríaca por um estudante.

Rudolf Carnap, filósofo e lógico alemão, exilado nos Estados Unidos em 1933, morreu em 1970. São de sua autoria, entre outros, *Sintaxe Lógica da Linguagem* (1934) e *Significação e Necessidade* (1947).

Willard Quine nasceu em 1908. Sua contribuição mais importante encontra-se na filosofia analítica (*Ontological Relativity*, 1969, *Philosophy of Logic*, 1970).

Saul Kripke, nascido em 1940, próximo do pensamento de Leibniz e de Russel, enunciou, em especial, uma teoria dos nomes próprios (*A Lógica dos Nomes Próprios*, 1962).

para a embaixada inglesa de Washington, como pesquisador da opinião pública norte-americana. Era totalmente diferente de tudo aquilo que eu fizera antes. Meu emprego não era muito penoso: uma semana de trabalho na embaixada me exigia menos esforço do que um dia de aulas em Oxford; era, é verdade, menos interessante, mas também consideravelmente menos cansativo. Como vê, eu preferia a filosofia à diplomacia. De Washington fui para Moscou em 1945, depois da Conferência de Potsdam[12]. Cheguei em meados de setembro e parti de novo em janeiro de 1946. Disseram-me que não encontraria ninguém digno de interesse, unicamente funcionários que me ocultariam tudo. Mas, na realidade, encontrei escritores, em particular, Boris Pasternak e Ana Akhmátova, dois poetas de gênio, assim como certo número de outros escritores. Ia ver Pasternak uma vez por semana, foi uma experiência única e maravilhosa ao mesmo tempo. Encontrei-me, então, com Akhmátova apenas duas vezes, mas disso guardo uma das lembranças mais fortes, talvez a mais forte, de minha vida. Contei tudo, o melhor que pude, num ensaio publicado em *Impressões Pessoais*, eis por que não vou falar novamente sobre o assunto[13]. Alguns escritores russos tiveram um comportamento heróico e deixaram uma profunda impressão no plano moral trabalhando em condições insuportáveis. Qualquer pessoa que não viveu na Rússia de Stálin não pode imaginar o que foi aquilo.

Não havia problemas com a polícia secreta de Stálin?

Claro que sim. Minhas visitas não trouxeram nada de bom a certas pessoas de minhas relações. A meu ver, a perseguição de que Akhmátova era objeto não foi precisamente diminuída pelas visitas que lhe fiz. Ela mesma deu a entender que Stálin estava pessoalmente furioso com nos-

---

12. 17 de julho a 2 de agosto de 1945. A conferência é assistida – seis meses após Yalta – por Stálin, Truman e Churchill (substituído em 28 de julho pelo novo primeiro-ministro, Atlee).
13. No belíssimo poema *Cinque de Akhmátova*, Isaiah Berlin figura sob as feições do "o hóspede do futuro".

sos encontros: "Vejo que nossa boa irmã", assim a chamava, "recebe agora espiões estrangeiros". Todos os membros das embaixadas estrangeiras eram, evidentemente, considerados como espiões por Stálin e pelas pessoas que o cercavam. Akhmátova não se encontrara com nenhum estrangeiro desde 1917, com exceção de um polonês de minguada notoriedade, de fato, ninguém mais vindo do Ocidente. Conhecia muito pouco do mundo exterior e eu estava em condições de lhe contar muita coisa a este respeito, assim como de responder a um grande número de suas perguntas. Não a autorizaram a publicar muita coisa até o fim da era stalinista[14]. Na verdade foi uma grande poetisa e um ser excepcional, inclusive no plano humano. Tê-la conhecido foi um dos grandes privilégios e uma das experiências mais emocionantes de minha vida.

Como encontrou a União Soviética após tantos anos?

Eu morava num edifício que pertencia à embaixada britânica. Nesta época, em Moscou, as embaixadas estrangeiras tinham um certo ar de jardins zoológicos, onde as jaulas se intercomunicavam sem que existisse, no entanto, a possibilidade de transpor as grades externas. Com certeza, ocorria de forma diferente para com os representantes dos países do Leste europeu, pelo menos para alguns deles. Mas 1945 foi um bom ano para mim: depois de Potsdam, ninguém sabia ao certo quem era amigo ou inimigo. De certo modo, tudo era confuso. Os intelectuais russos viviam numa espécie de paraíso artificial; no outono de 1945 encontravam estrangeiros com mais facilidade do que poderiam fazê-lo mesmo depois da morte de Stálin. Eis o paradoxo: entre 1947 e 1948 todas as portas se fecharam, mas em 1945 vivia-se numa espécie de grande euforia. Ao voltar da Alemanha, os russos contavam histórias sobre o Ocidente, onde haviam

---

14. "Metade freira, metade puta", tal foi o epíteto grosseiro com que a qualificou Jdanov, o ideólogo oficial do Partido Comunista, em 1948. Akhmátova morreu em Moscou em 1966. Tinha 77 anos. Três anos antes havia publicado uma coletânea introspectiva de *Poema sem Herói*.

encontrado pessoas muito diferentes das que conheceram durante os decênios precedentes. A Rússia era uma prisão, mas parecia que se retomava a esperança. Os últimos capítulos do *Doutor Jivago* dão uma idéia dos clarões anunciadores da aurora que as pessoas vislumbravam naquele período.

O senhor acha que se assiste hoje a modificações profundas na União Soviética?

Quem poderá dizêlo? As pessoas que encontrei, escritores soviéticos e outras próximas deste meio, parecem esperançosas, mas não otimistas. Apoiam Gorbatchev mas se perguntam como, com adversários tão agressivos, ele terá condições de atingir os objetivos que se fixou.

O senhor voltou à União Soviética depois de janeiro de 1946?

Sim. Voltei em 1956, como hóspede de dois embaixadores meus amigos. Revi Pasternak. Não era então algo muito seguro para os russos contatar com estrangeiros. Sem dúvida, também não o fora em 1945, mas alguns dentre eles não se deram conta disso, naquela ocasião.

Pasternak estava muito isolado naquele período?

Podia-se encontrá-lo, foi antes de sua desgraça, isto é, antes de *O Doutor Jivago* e do prêmio Nobel. Ofertou-me o segundo exemplar do manuscrito de seu livro, o primeiro já estava nas mãos do editor italiano Feltrinelli. Li o texto em uma noite e achei que se tratava de uma verdadeira obra-prima. Dei o meu exemplar às duas irmãs de Pasternak que vivem em Oxford[15].

No seu entender Pasternak é um grande poeta ou um grande romancista?

---

15. *O Doutor Jivago* apareceu na Itália em 1957. No ano seguinte, Pasternak foi expulso da União dos Escritores da URSS e foi obrigado a declinar do Prêmio Nobel que lhe foi atribuído. Morreu em 1960 em Peredelkino, perto de Moscou.

Com certeza ele é um grande poeta. Explico-me, existem duas categorias de poeta. Alguns deles são poetas quando escrevem poesia e são prosadores quando escrevem prosa, é o caso de Púchkin. Mas há poetas que são poetas escrevendo poesia e, quando se põem a fazer prosa continuam escrevendo poesia. Pasternak pertence a esta segunda categoria. Sua prosa é sempre uma prosa poética, não creio que sua natureza seja a de um prosador. É um grande poeta, um dos últimos grandes poetas russos, e seu romance é uma magnífica obra poética, uma das raras que descreve o amor, aquele do herói pela heroína, descrição autêntica como raros escritores – mesmo se colocado no centro de um relato de ficção tão denso – souberam fazê-lo. Mas sua poesia merece a admiração universal que têm por ele os russos e os que lêem o russo pelo mundo. Só Joseph Brodsky se aproxima um pouco dele, muito embora para Brodsky, Akhmátova e Ossip Mandelstam[16] contêm muito mais. Creio que ele é – não sou o único a ter esta opinião – o melhor poeta russo vivo. Mas o gênio não possui a imagem de sua própria genialidade. Pasternak se insere neste caso. Falava de maneira maravilhosa, por vezes um pouco louco, porém permanecia sempre, e em todas as ocasiões, um homem de puro gênio. Não se pode imaginar experiência mais fascinante do que a de ouvi-lo falar – Virgínia Woolf se exprimia um pouco assim, se bem me lembro. Ela também, é claro, era um tanto disparada.

E como isso se manifestava?

Imagens, comparações, descrições, uma linguagem maravilhosamente criativa, inesquecível, uma linguagem de uma incrível vitalidade. No caso de Pasternak como no de Woolf, os pensamentos se atropelavam na cabeça. A magia

---

16. Ossip Mandelstam, nascido em Varsóvia em 1892, falecido em um campo de trânsito na Sibéria, em 1938, é juntamente com Akhmátova um dos criadores do acmeísmo, movimento que reagiu contra o esteticismo do simbolismo. É autor, notadamente, de *Pedro*, 1913, *Tristia*, 1922, *Os Cadernos de Voronej*, 1935-1937, *Viagem à Armênia*.

que exercia Akhmátova era de natureza diferente mas não menos poderosa.

Qual sua opinião sobre Maiakóvski e Iessiênin?[17]

Não os conheci.

Mas que impressão lhe causou a leitura de seus poemas?

Maiakóvski era também uma espécie de gênio. Foi um poeta importante porque transformou a forma da poesia russa e por ser o pioneiro de um gênero realmente dominante. Certas pessoas, sem serem necessariamente grandes poetas – não acho que Maiakóvski o fosse, verdadeiramente, mas muitos críticos discordam de mim neste ponto – revelam-se grandes *animateurs*: penso, por exemplo, em Ezra Pound que, com certeza, modificou a forma de se escrever poesia em língua inglesa; pode-se igualmente até colocar a questão de ele ter sido um grande poeta, mas tem-se convicção de uma coisa, o seu impacto sobre a poesia, e isto não se pode duvidar que seja uma forma de gênio artístico. Maiakóvski foi assim: um formidável orador, um corajoso inovador, um autêntico revolucionário, mas sua poesia não me toca como as de um Pasternak, de um Mandelstam ou de uma Akhmátova[18].

A DESCOBERTA DE AUSCHWITZ

Como o senhor viveu a Segunda Guerra Mundial enquanto judeu?

---

17. Serguei Iessiênin, de origem camponesa, admirador da natureza, aceita com entusiasmo a Revolução. Casa-se com a bailarina norte-americana Isadora Duncan. Uma profunda depressão (*Confissão de um Vagabundo, O Homem Negro*) o impele ao suicídio em 1925, em Leningrado. Tinha exatamente 30 anos.

18. Vladimir Maiakóvski suicida-se em Moscou em 14 de abril de 1930, com a idade de 37 anos. O autor de *A Nuvem de Calças* (1915) e *150 000 000* (1920) – que celebrou o triunfo da Revolução – fala a plena voz nas *Cartas à Lilia Brik*, endereçadas entre 1917 e 1930 à mulher de sua vida, a irmã mais velha de Elsa Triolet.

Não creio que minhas reações tenham sido diferentes daquelas da grande maioria dos judeus, e o senhor pode imaginá-las como foram no exterior da zona sob controle alemão ou italiano. Um pavoroso e permanente sentimento de horror a respeito do que se passava, sentimento que outros, além de nós, deviam partilhar. Mas, com relação a isso, devo confessar algo e disso sinto um pouco de vergonha. Sem dúvida, desde o início eu presumia que Hitler tinha a intenção de infringir terríveis sofrimentos aos judeus, ele era cruel e implacável, isso estava claro. Nós todos sabíamos que os judeus haviam sido aprisionados, alguns mortos nos campos de concentração, desde 1933. Não se falava muito disso no Ocidente. Vergonhosos foram os esforços feitos para controlar a imigração de refugiados – a tal respeito, a conduta da França foi decente comparada, por exemplo, com a dos Estados Unidos. Após a invasão da Polônia não duvidava que coisas terríveis iriam acontecer aos judeus, que eles seriam presos, perseguidos, torturados, talvez mortos, mas nenhum de nós soube exatamente o que se passava. As notícias não chegavam, mas imaginávamos coisas atrozes. De 1939 a 1941 nada soube a respeito do extermínio e das câmaras de gás. Ninguém mencionava o fato na Inglaterra ou na América: em tudo o que lia, nada se escrevia sobre a questão – a falha era provavelmente minha. Carrego este sentimento de vergonha. Por certo apareceram artigos nos jornais e, por certo, eu os li de forma muito superficial. Só quando algumas pessoas chegaram à Suíça e se puseram a falar, foi que tomamos realmente conhecimento, pela primeira vez, da realidade dos horrores. Houve de fato uma pessoa que enviou um telegrama a um rabino de Nova York, o qual foi falar com o presidente Roosevelt; mas nada se fez, nada foi tornado público. A família de minha mulher, judeus franceses, soube de alguma coisa entre 1942-1943, talvez não acreditassem nisso. Poucas pessoas poderiam levá-los a acreditar que tais fatos pudessem ocorrer, eram afastados com um dar de mãos dizendo-se que eram exageros. Não soube nada a respeito de tudo isso até os primeiros meses de 1945. Entre os anos de 1943 e 1944 eu me dei conta de que os nazistas queriam muito mais matar os judeus do que desejavam ganhar a guerra – os crimes continuaram mesmo depois, quando a Alemanha se encaminhava manifestamente para a derrota de 1945. Mas, como acabo de lhe dizer, descobri a extensão do Holocausto somente muito mais tarde. Não sei por que ninguém jamais falou sobre o assunto; sem dúvida, a vida numa embaixada era demasiadamente protegida. Acontecia-me, ainda, encontrar, de vez em quando, com judeus norte-americanos mas nunca nenhum deles me falou algo. É claro que eu não fui realmente omisso mas ainda carrego um leve sentimento de culpa neste particular.

Alguns membros de sua família foram mortos pelos nazistas?

Sim. Meus dois avós, um tio, uma tia e três primos foram mortos em Riga, em 1941.

Qual foi sua reação ao tomar conhecimento da notícia do extermínio dos judeus? Se lhe coloco esta questão é porque o senhor nada escreveu sobre o assunto.

Senti exatamente o que as pessoas sentiram. O maior desastre que os judeus jamais conheceram, pior do que a destruição do Segundo Templo. O que se pode, na verdade, dizer de um tal horror? Eu não mudei de opinião. Isto provava uma coisa, a meu ver, que não havia esperança na assimilação de massa. Não existiam judeus mais profundamente assimilados do que os judeus alemães. Eles eram, e provavelmente são ainda, mais alemães do que os alemães, os judeus franceses eram profundamente franceses e assim permaneceram, mas o fato é que mesmo estas pessoas não tinham a menor idéia de que tais coisas pudessem ocorrer. Havia certamente lembranças dos *pogroms* no Leste europeu ou na África do Norte mas, em 1939, elas pareciam muito longínquas. Os judeus alemães, estou convencido disso, não podiam imaginar que tal coisa seria possível, seu patriotismo alemão estava por demais enraizado. Vou lhe contar uma história que ilustra bem este fato: encontrei um dia um judeu alemão em Londres, em 1946. Havia deixado a Alemanha em 1933 para viver na Suíça. Por que, lhe perguntei, não foi à Paris, uma cidade certamente mais interessante? – era um homem ativo, apaixonado por literatura e pelo teatro. Ele me respondeu: "Jamais poderia sonhar em viver num país que fora nosso inimigo".

O senhor não pode negar que um homem que declara tal coisa é subjetivamente cem por cento alemão. Não se deve generalizar, bem o sei; muitos judeus vieram à Paris assim mesmo e foram devidamente encaminhados, em seguida, para a morte nos campos alemães.

Walter Benjamin era um deles?

Ele se suicidou na fronteira espanhola[19]. Mas outros foram enviados a Auschwitz ou Belsen, a partir do campo de Drancy. Alguns se perguntaram por que os Aliados não bombardearam os trens alemães que transportavam pessoas para os campos. Nunca considerei que tal medida fosse boa, estou seguro ainda hoje de que o terrível propósito dos nazistas de exterminar os judeus era tão forte que, mesmo na hipótese de os trens serem bombardeados ou os próprios campos, eles os teriam reconstruído imediatamente. Alimentavam contra os judeus um ódio mais intenso, estou convencido disso, do que era o medo de perder a guerra. A única coisa que não consentiriam em deter eram os trens da morte e as câmaras de gás. Creio que os judeus poderiam ter sido salvos em outros países do Leste europeu, nos Bálcãs etc., se os Aliados tivessem brandido ameaças bastante firmes de vingança, caso os judeus fossem entregues aos alemães, em particular quando não havia mais certeza, digamos em 1943, de que a vitória dos alemães era inevitável. O anti-semitismo estava muito espalhado nestes países, bem entendido, como continua em nossos dias, mas não possui a natureza patologicamente fanática, característica do anti-semitismo nazista, e o temor de represálias poderia ter exercido algum efeito sobre estas populações. Não sei por que isto não foi feito com firmeza.

---

19. Em 1940. Corria o rumor de que Benjamin e seus companheiros iam ser entregues aos nazistas.

3. São Petersburgo, fim do século XIX. A Avenida (Perspectiva) Nevski depois do restaurante Lejeune.

Alguns anos mais tarde, em 1957, o senhor foi nobilitado pela rainha. Entre 1957 e 1967, ensinou Teoria Social e Política em Oxford. De 1966 a 1975 foi o primeiro presidente do Wolfson College, sempre em Oxford. Depois foi presidente da British Academy, de 1974 a 1975. O senhor teve de levar a cabo um grande número de mudanças em nome da Academia?

Estive no Irã em 1977, para a inauguração da Escola Britânica de Arqueologia do Teerã, representando a Academia. O xá ainda estava, então, no trono.

Foi esta a primeira vez que viajou para o Oriente?

Não, já estive na Índia. Passei alguns dias em Teerã no retorno da Índia, no final dos anos 60.

E qual foi sua impressão do Oriente?

O Oriente recobre um território demasiado vasto. No Irã, minha esposa e eu fomos a Chiraz e a Ispahan. Lembro-me de um estudante que veio ao meu encontro nas imediações da Grande Mesquita de Ispahan, com sua esplêndida cúpula azul[20], e me perguntou: "Há algo na Inglaterra tão grande e tão belo quanto isto?". Refleti um instante e acabei por responder: "Não, não creio". Fui a Mechhed. As procissões ao redor da tumba do Imam[21], composta de homens cujos semblantes me pareciam exprimir o fanatismo, aterrorizaram-me. Jamais vira algo tão assustador desde a Revolução Russa.

FILÓSOFO OU HISTORIADOR DE IDÉIAS?

Em numerosos de seus ensaios o senhor tenta mostrar o surgimento de idéias dando um esclarecimento por meio

---

20. As duas datam dos seldjúcidas (séculos XI a XIII).
21. Mausoléu do Imam Reza, fundado no século IX; Mechhed situa-se ao nordeste do Irã, perto da fronteira com a URSS.

da vida e da personalidade de seus autores. Considera o seu trabalho como uma investigação filosófica, ou melhor, histórica?

Como posso diferenciar? Deixe-me explicar: tome por exemplo a história da filosofia. Algumas histórias da filosofia lançam muito pouca luz sobre ela porque, a menos que o autor não seja ou não foi ele mesmo um estudante de filosofia, a menos que não tenha refletido sobre problemas filosóficos como tais, ele não pode ter a mínima idéia do que leva alguma outra pessoa a pensar dessa forma ou a atormentar-se com esse tipo de problema. Ela não pode saber a quais questões os filósofos tentaram responder ou quais questões tentaram analisar ou discutir. Contentar-se-á, portanto, em transcrever – escreverá que Descartes disse isto, que Spinoza disse aquilo, mas que Hume não achava que um ou outro tivessem razão. Tudo isso é trivial. Se o senhor mesmo não passou noites em claro em cima de problemas filosóficos, não lhe será possível dizer que tal tema existe. O que a filosofia é, em si, é uma questão filosófica à qual as pessoas comuns não oferecem respostas claras. Para escrever uma boa e esclarecedora história da filosofia o senhor deve procurar ver esses problemas do "interior", tão profundamente quanto lhe é possível. Deve tentar entrar pela imaginação no mundo mental dos filósofos que estuda. Deve tentar compreender o que significavam as idéias para aqueles que as manipulavam, que tipo de coisas estavam no centro de suas preocupações. Sem isso não pode haver uma verdadeira história de idéias. Meu interesse não está focalizado unicamente nas idéias filosóficas, mas também nas idéias sociais, políticas e artísticas. Uma vez mais, mesmo que o senhor não esteja pessoalmente envolvido nestes assuntos e que não experimente compreender estes problemas, não escreverá uma história de grande envergadura sobre as preocupações comparáveis de outras pessoas. A história das tomadas de posições ideológicas não pode ser escrita corretamente senão por aqueles que são eles mesmos susceptíveis de pensar em termos ideológicos e têm consciência de fazê-lo.

O que o senhor entende por ideologia nesse sentido?

No sentido de que estas idéias devem marcar uma diferença para o senhor. Um intelectual é uma pessoa que deseja que as idéias sejam tão interessantes quanto possível. Se não achar que as idéias que examina lhe interessam, qualquer que seja sua própria crença, a história das idéias permanecerá um catálogo mecânico de doutrinas não estudadas, terrivelmente enfadonho e irreal. Eu estou interessado em certas idéias. Se está interessado em idéias e se elas têm importância para o senhor, então não poderá estar senão interessado na história dessas idéias; as idéias não são, efetivamente, mônadas, não eclodem no vazio, têm uma relação com outras idéias, crenças, formas de vida, perspectivas *Weltanschauungen*, decorrem umas das outras, fazem parte do que se chama "clima intelectual" e formam as pessoas, suas ações e seus sentimentos tanto quanto os fatores materiais e as mudanças da história.

Coloquei esta questão porque me lembrei de seu artigo "O Nacionalismo: Desdenhado Ontem, Poderoso Hoje"[22]; *o senhor não se considera nem um historiador nem um politólogo. Por isso pensei que, talvez, o senhor se visse como um filósofo.*

Minha concepção da filosofia é colorida pelo fascínio que sinto pela origem e o desenvolvimento das idéias gerais. Deixe-me explicar o que quero dizer. O desenvolvimento de certas disciplinas se faz por sedimentação: é o progresso. Se o senhor é químico, não há necessidade nenhuma de estudar Lavoisier, a menos que se interesse pela história da química. Se deseja ser químico hoje, é preciso saber o que pensam os químicos hoje. E isso é real para todas as disciplinas que progridem, da mesma forma que podemos afirmar que sabemos mais hoje do que ontem. A

---

22. "Nationalism: Past Neglect and Present Power" (1978), reimpresso em *Na Contra-Corrente*.

filosofia não é assim. Ela não avança desta forma. O senhor não diz: "Platão dizia isto, Aristóteles dizia aquilo, mas nós os ultrapassamos de longe; portanto, não será necessário lê-los – eles são tão obsoletos quanto Arquimedes ou Roger Bacon ou, se não obsoletos são, em todo caso, completamente ultrapassados". As questões que Platão colocou podem ser colocadas e o são, efetivamente, ainda hoje. Continua-se discutindo questões apresentadas por Herder e Vico. Aristóteles exerce uma influência direta sobre os filósofos atuais e, não apenas, sobre São Tomás de Aquino. A filosofia não é uma matéria sedimentária. As idéias maiores, os conceitos, as teorias, continuam sendo as idéias centrais da filosofia. Elas têm vida própria, que é "trans-histórica". Certas pessoas não estão de acordo. Dizem que podemos compreender as questões e as idéias somente nos limites do meio histórico no qual elas se produzem. Como compreender Maquiavel sem um conhecimento preciso dos acontecimentos que se deram em Florença, da vida na Itália no século XV? Como compreender Spinoza sem nada saber da Holanda ou da França no século XVII? Há um pouco de verdade em tudo isso, mas somente um pouco. Os historiadores que nunca foram filósofos dizem que as pessoas que se interessam por Maquiavel devem mergulhar na Renascença. Não há dúvida de que isso deva ajudar. Se o senhor compreende o ambiente em que as questões foram colocadas, por que elas ocupavam seu espírito, compreenderá certamente melhor. Não quero dizer que as *mentalités* (mentalidades) examinadas nos *Annales* não sejam importantes. Elas o são.

Mas posso colocar-lhe uma pergunta: que sabemos nós de Atenas – a *mentalité*, os modos de vida dos tempos de Sócrates, Platão ou Xenofontes? Mal sabemos como se parecia Atenas – parecia-se com Beyrouth ou um *kraal zulú*? O Partenon, os outros templos – sim, é claro; existem ruínas de casas de moradias. Mas não sabemos como se pareciam realmente as ruas, que tipo de alimentação comiam os atenienses, como soavam seus discursos, qual era sua exata aparência – a despeito das pinturas sobre os vasos e das estátuas, não sabemos nada dos detalhes de sua vida familiar, das relações dos homens livres com os escravos, dos ricos com os pobres; tentamos de fato levantar hipóteses sobre tais aspectos mas em comparação com o que conhecemos sobre os séculos mais próximos de nós, com respeito a eles, não temos dúvidas de nossa ignorância. No entanto, é claro, as idéias de Platão têm uma grande significação para nós atualmente, mesmo sem o conhecimento do meio onde se teria idealmente necessidade de saber para compreender o que as palavras gregas querem dizer. As idéias centrais, as grandes idéias, que ocuparam os espíritos do mundo ocidental, têm uma certa vida própria – não compreendemos de modo preciso o que elas representavam para os atenienses, não sabemos como se pronunciava o grego ou o latim, não percebemos as inflexões, as nuances, as referências, as alusões, mas as idéias maiores sobrevivem em um certo sentido, a despeito de nossa ignorância em relação aos aspectos materiais ou aos pormenores históricos do mundo no qual elas nasceram e exerceram influência. Naturalmente, muitas idéias políticas, sociais e morais desaparecem com as sociedades em que elas tinham curso – não se pode estudá-las salvo pelo ângulo histórico, com uma compreensão imperfeita das origens de seu poder e de sua influência.

UMA FILOSOFIA SEM FILÓSOFOS?

Mas o senhor crê que a filosofia é uma questão eterna?

Certamente. A filosofia vem do choque das idéias que criaram os problemas. As idéias vêm da vida. A vida muda, o mesmo se dá com as idéias, o mesmo se dá com o choque destas idéias. Os choques estão na origem dos enigmas, mas quando a vida muda, estes enigmas não estão nem resolvidos quanto mais extintos. As idéias morrem mais freqüentemente de inanição do que devido a refutação pelo debate. Por causa disso, desta mudança que engendra novos problemas, a própria idéia de que se possa, mesmo que em princípio, encontrar soluções para todas as questões é absurda. O senhor não pode fazer isso porque a filosofia não se assemelha à química inorgânica, na qual é possível responder a todas as questões – mas eu tenho a sensação de que aí, tampouco, isso não é possível. A filosofia tem necessidade de enigmas que surgem de uma espécie de conflito de palavras ou de idéias ou de modos de linguagem nas quais elas se exprimem. Os problemas se apresentam porque uma tentativa de solução de um problema se mostra incompatível com os métodos para resolver um outro tipo de problema. As questões filosóficas não se assemelham a problemas empíricos, aos quais se pode responder pela observação ou experimentação. Não se assemelham, tampouco, a problemas matemáticos suscetíveis de serem resolvidos por métodos dedutivos, como o são os problemas de jogos de xadrez ou não importa quais jogos ou procedimentos regidos por regras. Mas as questões relativas às finalidades da vida, ao bem e ao mal, à liberdade e à necessidade, à objetividade e à relatividade, não podem ser decididos mergulhando-se no dicionário, por mais sofisticado que seja, nem utilizando-se um raciocínio empírico ou matemático. Não saber onde procurar para achar a resposta é o sintoma mais seguro de um problema filosófico. O grande teorema de Fermat nunca foi demonstrado, porém os métodos de tratamento não são sujeitos a suspeitas: sabe-se como se apresentaria a demonstração – se ela fosse encontrada.

Não acontece o mesmo com a filosofia. A história das idéias é uma matéria muito diferente. Nós tentamos aí realmente seguir as pegadas do desenvolvimento das idéias. A história das idéias é aquela que cremos que as pessoas pensavam e sentiam, e essas pessoas eram de carne e osso e não somente estátuas ou coleções de atributos. É indispensável um certo esforço para entrar através da imaginação nas idéias e nos pontos de vista dos pensadores, um esforço para a *Einfühlung* (empatia) é inevitável, mesmo sendo precário, difícil e incerto. Quando trabalhei em Marx, procurei compreender o que poderia significar ser Karl Marx em Berlin, Bruxelas e Londres, tentei pensar nos termos de seus conceitos, de suas categorias, de suas palavras alemãs[23]. Ocorreu o mesmo com Vico e Herder, Herzen, Tolstói, Sorel etc. Como suas idéias vieram à luz? Em que época particular, em que lugar, em que tipo de sociedade? Suas idéias podem ser interessantes por si próprias, mas são as idéias deles e a gente deve se perguntar quais foram seus sofrimentos e seus tormentos quando as viram em circulação. Como amadureceram nas cabeças desses homens suas teorias ou escritos? Não é possível falar de idéias com uma abstração completa sem se referir à história; mas também não é possível falar unicamente em termos de meio histórico concreto, como se as idéias não tivessem nenhum sentido fora de seu quadro. Como o senhor vê, trata-se de um campo de investigação complexo, impreciso, que recorre à psicologia, exige imaginação, campo onde não se pode ter elementos de certeza mas somente um alto grau de plausibilidade, de coerência, a prova do poder intelectual, da originalidade e da eficácia.

O senhor acha que a filosofia pode sobreviver sem filósofos?

Isso depende do que o senhor chama de filósofos. Homens comuns dotados de uma curiosidade suficiente, de uma capacidade de compreensão das idéias gerais podem, é claro, filosofar. Herzen, por exemplo, não era um filósofo profissional, nem Marx, nem Dostoiévski; no entanto, suas idéias têm ainda uma importância considerável no plano filosófico. Isso depende do que o senhor entende por este termo. Bodin era advogado[24]. Bacon também. Nem eram, tampouco, professores, Leibniz ou Spinoza, Descartes ou Hume. Berkeley era bispo. Antes de Christian

---

23. Marx vai morar em Paris em 1843, depois de seu casamento com Jeny von Westphalen (1843-1845), depois em Bruxelas (1845-1848), em Colônia (1848), e enfim em Londres a partir de 1849.

24. Jean Bodin (1530-1596), advogado no Parlamento de Paris antes de tornar-se procurador do rei no bailio de Laon. Economista, é sobretudo conhecido por *Os Seis Livros da República* (1576), tratado de filosofia política que já prenuncia Montesquieu.

Wolff[25], não vejo professor de filosofia de profissão – talvez Tomasius fosse um; Vico, com certeza, não, ele ensinava retórica e direito.

Assim sendo, o senhor acha que a filosofia pode existir externamente à filosofia de profissão?

Mas é claro. Penso que há necessidade de filósofos de profissão, porque, se forem de qualidade, trabalharão pelo esclarecimento das idéias; analisarão as palavras, os conceitos e os termos comuns com os quais o senhor e eu pensamos, e isso faz uma enorme diferença para o progresso do pensamento. Sem dúvida seríamos mais felizes se fôssemos liberados do pensamento, mas isso não é possível. É esta mesma a diferença básica entre os seres humanos e os animais. Vou lhe contar uma história que é uma pequena anedota. O falecido Harold Macmillan[26] disse-me que quando era estudante em Oxford, antes da Primeira Guerra Mundial, ia às conferências de um filósofo chamado J. A. Smith, um metafísico hegeliano. Quando de sua primeira conferência, diante do auditório de estudantes, este professor se exprimiu nos seguintes termos: "Cada um dos senhores terá uma carreira diferente – alguns serão advogados, outros militares, alguns médicos ou engenheiros, outros funcionários do governo, alguns proprietários de terras ou políticos. Deixe-me dizer logo que nenhuma de minhas palavras, enunciadas por ocasião dessas conferências, terá a menor utilidade para os senhores em qualquer domínio em que tentarem exercer seus talentos. Mas há uma coisa que posso lhes prometer: se forem até o final desta série de conferências estarão em condições de saber quando os homens *are talking rot* (estão falando besteiras)". Há qualquer coisa de verdadeiro nessa observação. Um dos efeitos da filosofia, se for correta-

---

25. Matemático e filósofo alemão, discípulo de Leibniz (1679-1754). É o autor de *Pensamentos Racionais sobre Deus, o Mundo e o Espírito Humano*.

26. Primeiro-ministro de 1957 a 1963, Harold Macmillan morreu em 1986, aos 92 anos.

mente ensinada, é a capacidade de ver através da retórica política, dos argumentos falaciosos, das velhacarias, do *fumisme* (mistificação), da obscuridade verbal, da chantagem pela emoção e de todos os tipos de chicanices ou de falsas aparências. Ela pode, em larga medida, aguçar o senso crítico.

O senhor não está, então, de acordo com o projeto hegeliano de filosofia enquanto ciência?

Não. A filosofia consiste em tentar avançar na solução dos problemas onde, *prima facie*, é claro que não existe nenhuma técnica evidente para encontrar as respostas. Creio que Kant é um grande filósofo em parte porque é neste sentido que ele compreendeu a natureza da filosofia. Além disso, creio que a compreensão de si é uma das principais finalidades da filosofia. Um dos objetivos da filosofia é compreender as relações dos homens, das coisas e das palavras entre si.

O senhor se sente, portanto, mais próximo de um filósofo como Schopenhauer do que de Hegel?

Sim. Não tenho simpatia pelos sistemas que abarcam tudo ou pelos vastos edifícios da metafísica. Pode-se ignorar o sistema de Schopenhauer e, no entanto, tirar grande proveito de suas numerosas idéias penetrantes e por vezes profundas. O sistema hegeliano surge-me como uma sombria e profunda caverna de Polifemo, da qual poucas pessoas retornam – todos os degraus só indicam um único sentido, como fazia notar o poeta latino.

Na maioria de seus escritos o senhor se mostra mais interessado nos pensadores da pós-Renascença do que nos pensadores clássicos da Grécia e de Roma. Isto posto, o senhor parece guardar, voluntariamente, distância com respeito à tradição da filosofia política que pretende ser crítica em face da modernidade. É esta de fato a sua intenção?

Quem são os pensadores romanos, precisamente?

Ora bem, Cícero, Sêneca.

Quem, na sua opinião, escreve sobre o pensamento romano de um ponto de vista filosófico? Quem, hoje em dia, pode ser influenciado por Sêneca ou mesmo por Cícero? O senhor pode me dar os nomes de um ou outro de seus discípulos modernos? As peças de Sêneca tiveram seu papel na literatura européia, e o estoicismo romano na história da sociedade, da educação, e talvez na história política. Mas onde o senhor vê uma influência filosófica? Roma não era uma nação muito filosófica. Os gregos são outra coisa. Temos todos uma dívida muito profunda em relação a eles.

O OLHO MÁGICO DE LEO STRAUSS

O que o senhor acha de Leo Strauss e de sua filosofia política?

Conheci pessoalmente Leo Strauss e o apreciava bastante. Era um erudito, um autêntico letrado clássico e talmúdico, pensava que a filosofia política havia tomado um falso caminho com Maquiavel – "o mestre do Mal" – e não se desdisse depois. Para ele, nenhum pensador político desde a Idade Média encontrou o verdadeiro caminho. Burke se aproximou, mas Hobbes e seus sucessores enganaram-se cruelmente e enganaram gravemente os outros. O utilitarismo, o empirismo, o relativismo, o subjetivismo foram erros graves que perverteram profundamente o pensamento moderno ocasionando grandes danos aos indivíduos e às sociedades. O Bem e o Mal objetivos, o Verdadeiro e o Falso foram destronados, Strauss era um pensador consciencioso, honesto e profundamente interessado, que parecia ter ensinado os seus alunos a ler nas entrelinhas os filósofos clássicos. Sua teoria era de que estes pensadores possuíam uma doutrina secreta por detrás daquela, declarada, que se podia descobrir unicamente por meio de alusões ou de outros sintomas do gênero, seja porque tais pensadores pensavam desta maneira, seja por medo de censura, dos regimes opressivos etc. Isso constituiu um estímulo à engenhosidade e a todos os tipos de sutilezas bizarras mas, para mim, isto parece extravagante. A rejeição, por Strauss, do mundo da pós-Renascença como um mundo desesperadamente corrompido pelo positivismo e pelo empirismo me parece roçar o absurdo.

E sobre sua crítica da modernidade?

Tenho pouca simpatia por ela. Na verdade, ele tentou me converter por ocasião de múltiplas conversações, quando o visitava em Chicago, mas não conseguiu me levar a crer em valores eternos, imutáveis, absolutos, verdadeiros para todos os homens, em todos os lugares, em todas as épocas, a lei natural dada por Deus e outras coisas do gênero. Deduzo daí que em um de seus ensaios que se deve publicar, em breve – um trabalho póstumo deixado de lado por vários anos – me verei atacado de modo severo.

Pois bem, que me ataquem! Não posso lhe responder, porque está enterrado e por não ter muito apreço por seus numerosos discípulos. Ele e eles me parecem crer no Bem e no Mal absolutos, no Verdadeiro e no Falso percebidos diretamente em meio a uma espécie de visão *a priori*, um olho metafísico, utilizando uma atitude racional, platônica que não me foi outorgada. Platão, Aristóteles, a Bíblia, o Talmud, Maimônides, talvez São Tomás de Aquino e os outros escolásticos da Idade Média sabiam qual era a vida melhor para os homens. Ele também, e seus discípulos, pretendem ainda hoje sabê-lo. Eu não tenho tal privilégio.

O senhor se considera, por conseguinte, puramente, um moderno?

Não sei o que isso quer dizer. Em um plano empírico, sim. Não posso resumir todas as minhas convicções em duas palavras, mas penso que tudo o que existe neste mundo são as pessoas, as coisas e as idéias na cabeça das pessoas – os objetivos, as emoções, as escolhas, as visões e todas as outras formas da experiência humana. Tudo aquilo de que estou informado. Mas não posso reivindicar a onisciência, talvez exista um mundo de verdades e de valores eternos que o olho mágico do verdadeiro pensador possa perceber; com certeza isto só pode pertencer a uma elite na qual, eu receio, nunca fui admitido. Leo Strauss tem razão em considerar que estou em desacordo de princípio com suas doutrinas. Penso que seu melhor livro é o que trata de Hobbes, escrito na Inglaterra – disse-me que o considerava como o menos bom: veja o senhor, há um abismo intransponível entre nós.

E como o senhor situa sua filosofia na tradição da filosofia política?

O que o senhor entende por tradição?

Eu entendo a tradição do mundo de Platão no mundo de hoje.

Não penso que haja uma única tradição. Platão é uma coisa, Aristóteles outra. Spinoza difere profundamente de um e de outro, e Kant dos três. Assim, por exemplo, Platão, Aristóteles e a Idade Média cristã acreditavam que cada coisa neste mundo tem uma finalidade, dada por Deus ou pela Natureza. Todas as coisas e todos os seres procuram realizar aquilo para o qual foram criados ou de onde nasceram. Spinoza rejeita isso, como Hume. Os *philosophes* (filósofos) franceses deram fé a isso e Locke fez o mesmo. Mas não Kant, embora alimentasse esperanças em uma realização no além-túmulo. Bentham, tampouco. Onde está a tradição da qual o senhor fala?

Mesmo no domínio da filosofia política? Será ela então uma criação perpétua?

Sim, a *philosophia perennis* é um conceito cristão e singularmente católico. A teologia não passa de uma extremidade na continuidade do domínio do pensamento.

DA DIFERENÇA ENTRE AS CULTURAS

Entre os pensadores da modernidade o senhor concede uma atenção particular a Vico e a Herder. É exato dizer que suas considerações sobre a história foram sobretudo influenciadas por estes dois pensadores?

O que o senhor diz sobre Vico e Herder é verdadeiro, mas não sou proprietário de muitas considerações pessoais sobre a história. Não sou um filósofo da história, no sentido próprio do termo. Creio no pluralismo e não creio no determinismo histórico. Em momentos cruciais, nas reviravoltas, quando os fatores aparecem mais ou menos bem equilibrados, o acaso, os indivíduos com suas decisões e suas ações, elas mesmas não necessariamente previsíveis – na realidade raramente previsíveis –, podem determinar o curso da história. Não creio em um livrinho de história (uma expressão utilizada por Herzen, que não julgava ser a história um drama em vários atos – uma peça cujo tema foi criado por Deus ou pela Natureza, um tapete com um motivo reconhecível). Marx e Hegel acreditavam realmente que a história é um drama em atos que se sucedem e onde, ao final, depois de, sem dúvida, grandes agitações e, para Marx, conflitos terríveis, tribulações e desastres, as portas do Paraíso se abrirão, este será o desfecho final: então a história se deterá (o que Marx chama de a pré-história) e todas as coisas serão para sempre harmoniosas e os homens colocarão suas ações de forma a cooperar racionalmente.

Vico e Herder falaram pouquíssimas coisas que pudessem se assemelhar a estas idéias. Acreditavam em certos modelos, particularmente Vico, mas não em uma peça que comportasse um desfecho. Meu modo de ver, penso eu, vem da leitura de Hegel, Marx e seus discípulos e do fato de que seus argumentos absolutamente não me convenceram. Senti a mesma coisa a propósito de outros inventores de modelos – Oswald Sprengler, Arnold Toynbee[27], seus predecessores desde Platão e Políbio até eles. Bem entendido, os homens procurarão sempre um objetivo e uma ex-

---

27. Oswald Spengler (1880-1936) é conhecido por sua obra *A Decadência do Ocidente* (1918-1922). Algumas de suas teses foram utilizadas pelo nacional-socialismo. Arnold Toynbee (1889-1975), professor na Universidade de Londres, escreveu *Study of History* (12 vols., 1934-1961).

plicação desse tipo para a história, mas parece-me que os fatos não corroboram tais esquemas, as leis são violadas por muitas exceções e contra-exemplos evidentes. Li bastante Braudel, E. H. Carr e os marxistas modernos para saber quais são seus argumentos, ao que aderem os deterministas históricos; e, se bem que naturalmente grandes fatores impessoais condicionem os contornos das vidas dos indivíduos e das nações, não tenho nenhuma razão de ver a história como uma auto-estrada cujas principais vias de interligação não existissem.

Estou interessado na crença de Vico e Herder na pluralidade das culturas, cada qual dotada de seu próprio centro de gravidade – numa variedade de culturas com horizontes diferentes, originais, imprevisíveis e de atitudes contraditórias. Vico me parece ter compreendido, como ninguém antes dele, estas culturas, o sentido do mundo para estas sociedades, o sentimento que os homens e as mulheres tinham de si mesmos em relação aos outros e ao seu ambiente, o que afeta as formas particulares de pensamento, de emoção, de comportamento, de ação, o que faz com que as culturas sejam diferentes. Vico distinguiu isto em termos de períodos, Herder em termos de diferentes civilizações contemporâneas assim como daquelas que apareceram em outras épocas. Isso me trouxe a confirmação da idéia de que a história não é uma progressão rígida e linear. Para Voltaire, a história era uma espécie de progresso contínuo da razão, do saber, com a criação de obras de arte, progresso quebrado por terríveis interrupções – extermínios na barbárie, por exemplo, a Idade Média cristã com suas superstições. Eu não vejo uma progressão em desenvolvimento. É claro que mais saber, mais felicidade, mais bem-estar, mais liberdade, mais eficácia, tudo isso representa abertura. Pode-se dizer que atualmente alguns destes desenvolvimentos se dão mais do que em qualquer outro período da história; de outros, menos. Pode alguém, no século XX – por certo um dos piores da história da humanidade – crer realmente em um progresso humano ininterrupto? Ou então em um progresso generalizado? Sem especificar o progresso em relação a que, é possível falar de progresso? Pode-se falar de um sistema de valores que a maioria dos homens, no Ocidente, aceita hoje e não aceitava há dois mil anos; em termos dos nossos valores, sob certos aspectos, e sob outros não, são as marcas do progresso. Porém, eu não percebo um movimento generalizado.

Mas o senhor aplica o princípio da causalidade à história, não é mesmo?

Sem dúvida. Não se pode deixar de aplicá-lo. Mas o que não creio é que se possa ver um modelo que lhe permita predizer, como se faz em astrologia ou mesmo em biologia. Alguns dos prognósticos de Marx, de Saint-Simon, de Jacob Buckhardt[28] se mostraram exatos, outros não. Saint-Simon profetizou a transformação tecnológica da sociedade, mas errou totalmente no que concerne ao declínio da política. Marx predisse as empresas gigantescas e o efeito do progresso tecnológico sobre a cultura, mas se enganou totalmente sobre a data e o lugar, as causas, as conseqüências, os efeitos econômicos das revoluções políticas. Quem ousa hoje repetir a profecia de Lênin sobre o desaparecimento do Estado ou a visão de Trótski relativa ao florescimento universal de gênios entre os seres humanos? O que nenhum profeta previu foi a atual maré montante do nacionalismo em todo o globo, nem a do fanatismo religioso, um dos fatores mais poderosos de nosso mundo atual. No século XIX pensava-se que tais fenômenos estavam em vias de extinção – com certeza quanto ao nacionalismo, e ninguém supunha que se manifestasse em outra parte além do Ocidente. Marx julgava que a religião era um subproduto da luta de classes e do capitalismo; não previu, por exemplo, que o regime argelino, em princípio socialista, seria muito mais fanaticamente religioso e consciente do problema racial do que socialista. A profecia não é uma atividade rara, mas não é confiável. O que acho válido em Vico e Herder

---

28. Jacob Burckhardt (1818-1897), historiador suíço, autor de *A Civilização da Renascença na Itália* (1860) e de *A História da Civilização Grega* (4 vols., 1898-1902).

é a própria idéia de uma diversidade cultural intrínseca à história dos homens; a idéia de que a história não avança por linhas retas; que entre diferentes culturas existe uma interação, por vezes de natureza causal, mas que não há uma chave única para o futuro ou para o passado – nenhuma ligação com as ciências físicas, cujas leis abrem portas para as cadeias causais que se repetem e podem ser resumidas em leis gerais.

Quando o senhor fala de conflitos de objetivos entre os indivíduos, toma o pensamento de Vico como fundamento desse argumento?

Vico nos ensina a compreender as culturas estrangeiras; nesse sentido ele difere dos pensadores da Idade Média. Herder, mais ainda que Vico, distinguia entre Grécia, Roma, Judéia, Índia, Idade Média alemã, Escandinávia, Santo Império Romano e França. O fato de que podemos compreender como as pessoas vivem seu modo de vida próprio, mesmo sendo diferente do nosso, mesmo se nos são detestáveis e que, às vezes, somos levados a condená-lo, isso significa que somos capazes de nos comunicar por meio do tempo e do espaço. Quando pretendemos compreender as pessoas que possuem uma cultura muito diferente da nossa, este fato faz supor a existência de um certo poder de compreensão, de penetração, *Einfühlen* (empatia) – uma palavra inventada por Herder. Mesmo se as culturas nos repelem pode-se, por um vigoroso esforço de imaginação, conceber como foi possível que homens – *nos semblables* (nossos semelhantes) – tivessem esses pensamentos, experimentassem esses sentimentos, perseguissem esses objetivos, cometessem essas ações.

Do Relativismo Cultural e dos Direitos do Homem

O senhor não acha que há uma oposição entre o princípio da universalidade e o relativismo cultural?

Não acho. Pode-se exagerar as diferenças existentes entre os povos e as sociedades. Em nenhuma das culturas conhecidas por nós faltam noções do bem e do mal, do verdadeiro e do falso. Por exemplo, por tudo que se sabe, a coragem tem sido admirada em todas as sociedades conhecidas. Existem valores universais. É um fato empírico concernente à humanidade, é o que Leibniz chama *vérités du fait* (verdades do fato) e não *vérités de la raison* (verdades da razão). Existem valores que um grande número de seres humanos na grande maioria dos lugares e das situações, em quase todas as épocas, têm efetivamente em comum, seja consciente e explicitamente, seja expressos por seu comportamento, suas atitudes, suas ações. Mas, por outro lado, existem também grandes diferenças. Se o senhor conseguir, ou mesmo pensar ter conseguido, compreender de que maneira os indivíduos, os grupos, as nações, as civilizações inteiras diferem uns dos outros e se, por um esforço de imaginação, "entrar" nos seus pensamentos e sentimentos, se imaginar como se fosse a gente mesmo, colocando-se nessas circunstâncias, veria o mundo ou veria a si próprio em relação aos outros; aí então, mesmo que se sentisse chocado pelo que fosse encontrar *"tout comprendre* (compreender tudo) não é certamente *tout pardonner* (perdoar tudo)" , tal fato traria como conseqüência a diminuição da intolerância cega e do fanatismo. A imaginação pode alimentar o fanatismo, mas a penetração pela imaginação em situações muito diferentes das suas deve, no final de contas, enfraquecê-lo.

Tome um exemplo extremo, os nazistas: falou-se que eram loucos, que eram casos patológicos. Isto me parece ilusório, muito fácil. Os nazistas foram levados a crer, pela propaganda oral ou pelos panfletos daqueles que os "evangelizavam", que existiam homens corretamente descritos como subhomens, *Untermenschen*, criaturas venenosas estas que solapavam a verdadeira cultura, isto é, a cultura germânica ou nórdica. A proposição segundo a qual existem os *Untermenschen* é simplesmente falsa, é uma bobagem que se pode desmontar. Se o senhor crê nisso porque alguém lhe incutiu e se tem confiança nesse propagandista, então chegará a um estado de espírito em que, de um ponto de vista completamente racional, considerará necessário exterminar os judeus; este fato não terá sua fonte na alienação mental, não é, tampouco, puro ódio irracional, desprezo ou tendências agressivas, se bem que não haja dúvida alguma de que esses sentimentos extremos contribuam para isto; além do que são muito divulgados e causaram situações conflitivas e violência por toda a história da humanidade. Não, estas emoções são organizadas pelo viés da crença em monstruosas antiverdades, sistematicamente propagadas por oradores ou escritores, doutrinas que se pode demonstrar como falsas, mas que são claramente estabelecidas, desembocam nos crimes, acarretam terríveis crueldades e enormes catástrofes destrutivas.

Creio que é preciso ser prudente quando se qualifica seres pensantes de loucos ou de patologicamente atacados. Não há necessidade de ser demente para praticar a perseguição: ela só se desenvolve pela convicção do verdadeiro caráter de crenças assustadoramente falsas, que podem levar às conseqüências as mais impronunciáveis. Se se quer impedir o mal infligido pelos fanáticos, deve-se tentar compreender as raízes intelectuais e não unicamente as psicológicas de suas crenças; deve-se tentar lhes explicar que estão errados. E se isso não tiver sucesso, poder-se-á então achar-se impelido a entrar em guerra contra eles. Mas é necessário sempre tentar convencê-los. O marxismo parte para a guerra muito fácil e depressa. O mesmo ocorre com certos movimentos religiosos. Ignoram o que há de comum às crenças dos homens. Os métodos racionais, as bases da verdade, exceto seu valor intrínseco, como Sócrates nos ensinou, são de importância capital no destino dos indivíduos e das sociedades: a este respeito, as tradições centrais da filosofia ocidental se situam na verdade. O poeta Heine, há muito tempo, dizia que não se devia ignorar o humilde professor no seu gabinete de trabalho; ele dispunha de um poder considerável que não se devia subestimar; diferentemente de seu amigo Karl Marx, estava convencido de que Kant conduziria a Robespierre. A compreensão de si mesmo e dos outros, os métodos racionais, a verificação, as bases de nosso saber e de toda ciência, assim como os esforços para verificar a justeza das certezas intuitivas são de vital importância. A idéia dos direitos dos homens repousa sobre a crença verdadeira de que existem certos bens – a liberdade, a justiça, a procura da felicidade, a probidade, o amor que interessam a todos os seres humanos como tais e, não como membros desta ou daquela nacionalidade, desta ou daquela religião, profissão etc., e é por isso que se tem razão em buscar estes direitos e proteger as pessoas contra aqueles que os ignoram ou recusam em admiti-los. Existe um certo número de coisas que os seres humanos reivindicam, não por serem franceses, alemães ou eruditos medievais, mas por conduzirem suas vidas humanas como homens e como mulheres.

O senhor não acha, porém, que esses princípios possam entrar em contradição com o espírito das nações?

Não, de forma alguma. Penso que toda cultura que tem existido admitiu a existência de tais direitos, ou pelo menos de um mínimo dentre eles. Pode haver aí um desacordo sobre o grau de crescimento desse mínimo – aos zelotas, aos escravos, aos membros das tribos vizinhas, aos bárbaros –, mas cada cultura reconheceu a existência de tais direitos, condição preliminar considerada empiricamente como necessária para levar uma vida humana bem preenchida. A negação da humanidade para certas categorias de seres humanos pode, por vezes, se produzir na prática, mas raramente na teoria.

O senhor acha então que podemos fundamentar uma filosofia política sobre os direitos do homem?

Não, não é suficiente. Mas é uma condição *sine qua non*. O senhor não pode passar sem ela.

O que será preciso adicionar?

Isso depende. O senhor deverá adicionar a ela uma análise dos conceitos importantes. É preciso uma visão do que é justiça, do que é liberdade, do que são os contratos sociais; deve-se distinguir os tipos de liberdade, de autoridade, de obrigação etc. As teorias políticas diferem freqüentemente à medida que respondem a uma questão central: "Por que alguém deve obedecer a alguém?". Não porque é preciso, mas porque devem; e até onde. A maioria das teorias políticas são respostas a este gênero de questão.

AS DUAS CONCEPÇÕES DE LIBERDADE

Já que estamos falando de liberdade, o senhor poderia nos explicar a distinção que faz entre a liberdade positiva e a liberdade negativa?

Há duas questões distintas. Uma é: "Quantas portas me foram abertas?". A outra é: "Quem é o responsável, aqui? Quem controla?" Estas questões se misturam, mas não são idênticas e pedem respostas diferentes. "Quantas portas foram abertas?" é uma questão relativa à extensão da liberdade negativa: quais obstáculos se estendem à minha frente? O que outras pessoas me impedem de fazer de modo deliberado ou de modo indireto, involuntariamente ou por via institucional. A outra questão é: "Quem me governa?": outros me governam ou eu me governo a mim mesmo? Se são outros, com que direito, com que autoridade? Se eu disponho de um direito à autonomia, posso perder este direito? Posso cedê-lo? Renunciá-lo? Reencontrá-lo? De que modo? Quem estabelece as leis, ou as aplica? Eu sou consultado? A maioria governa? É Deus? Os padres? O Partido? A pressão da opinião pública? A tradição? É uma questão distinta. As duas perguntas e suas subquestões são centrais e legítimas. É necessário responder às duas. A única razão pela qual sou suspeito de defender a liberdade negativa contra a positiva é por achá-la mais civilizada, é por pensar que o conceito da liberdade positiva, bem entendido como essencial a uma existência decente, tenha sido amiúde mal conduzido ou corrompido face à liberdade negativa. As duas são questões autênticas, as duas são irresistíveis. E as respostas que se lhes dão determinam a natureza de uma dada sociedade seja ela liberal ou autoritária, democrática ou despótica, laica ou teocrática, individualista ou comunitária, e assim por diante. Estes dois conceitos foram alterados política e moralmente em seus contrários. George Orwell é excelente neste aspecto. As pessoas dizem: "Eu exprimo seus desejos reais. Vocês podem pensar que sabem o que querem, mas eu, o Condutor (o *Führer*), nós, o Comitê Central do Partido Comunista, os conhecemos melhor do que vocês se conhecem, e lhes damos o que vocês pediriam se conhecessem suas necessidades 'reais' ".

A liberdade negativa é falseada quando se diz que deve ser a mesma para os tigres e os carneiros, e que não se pode evitá-la mesmo que ela permita aos primeiros comer os segundos; se é forçada pelo Estado não deve ser utilizada. É claro que a liberdade sem limite dos capitalistas destruiu a dos trabalhadores, a liberdade sem limites das fábricas ou dos pais permitiu às crianças serem empregadas nas minas de carvão. É certo que o fraco deve ser protegido do forte e a liberdade, nesse caso, ser restringida. A liberdade negativa deve ser restringida se a liberdade positiva for realizada de maneira suficiente; deve haver entre as duas um equilíbrio a respeito do qual não se possa enunciar princípios claros. Liberdades positiva e negativa são dois conceitos perfeitamente válidos, mas parece-me que historicamente no mundo moderno mal maior foi cometido pela liberdade pseudopositiva do que pela pseudonegativa. Isto pode, bem entendido, ser discutido. Um pensador que admiro enormemente é Benjamin Constant – sua explicação dos dois tipos de liberdade, em seu ensaio *Da Liberdade dos Antigos Comparada Àquela dos Modernos*, é a melhor que conheço a este respeito.

Exatamente, foi este o sentido de minha pergunta. Como o senhor se situa no debate entre Constant e Rousseau sobre a oposição entre a liberdade antiga e a liberdade moderna?

Estou do lado de Constant. Ele disse que existem dois tipos de liberdade. Não negou o valor da liberdade tal qual era concebida na antiga Atenas. Para os atenienses, a liberdade significava que qualquer um, não importava quem, podia acusar qualquer outro, diante da Assembléia; não importa quem, podia entrar na casa de qualquer outro. Ninguém tinha o direito de impedir outrem, por mais modesto, de lhe fazer um processo diante dos tribunais, de o denunciar em público, de observar, de criticar, de falar livremente, qualquer que fosse o grau de constrangimento que isso pudesse causar. Mas a concepção moderna da liberdade lhe dá direito a um certo respeito da vida privada. A vida privada não é um conceito corrente no pensamento antigo ou medieval. Pascal dizia que todos os males do mundo vêm pelo fato de os homens não permanecerem tranqüilamente sentados em seu quarto. A liberdade moderna confere este direito.

Mas se trata da liberdade privada e não da liberdade pública?

Sim. Mas o exercício incontrolável de uma liberdade destrói a outra. A noção de vida privada é uma realidade nova, mais recente do que se poderia pensar. Novos conceitos nascem, novos ideais surgem. Tome-se a noção de *sinceridade*. A sinceridade não é, até onde posso dizer, considerada como uma virtude no mundo antigo ou na Idade Média. A verdade é, sem dúvida: o martírio é exaltado, mas somente pela verdade, não por uma série de falsas crenças, por mais sinceras que sejam. Todo judeu ou todo cristão não pôde impedir de admirar-se pela sinceridade com que tais mentiras eram proferidas, mesmo considerando falso aquilo em que os pagãos acreditavam. Todo cruzado disse que o que acreditavam os muçulmanos era evidentemente absurdo; entretanto, comoveu-se pela sinceridade de uma devoção tão mal colocada. Todo católico disse, durante as guerras religiosas, que os protestantes eram perigosos professores do mal que conduziam as almas à danação, envenenadores contra os quais se devia resistir e, em caso de necessidade, abater; no entanto, pelo fato de pregarem aqui-

4. Oxford. All Souls College visto da torre St. Merry.

lo que prezavam, não pelo dinheiro, nem pelo gosto do poder ou da vaidade mas, simplesmente, por crerem realmente e por estarem prontos a morrer por suas perigosas crenças, tal sinceridade provocava admiração. A verdade, por si só, tendo importância, duvido que a idéia de sinceridade, como virtude, seja muito anterior ao fim do século XVII. Um erro defendido com sinceridade era tanto mais perigoso e não tinha valor nem moral nem espiritual quanto mais dele se tinha piedade.

Da mesma forma, a variedade é uma idéia nova. O conceito antigo é que a verdade é uma, o erro é múltiplo. A toda questão real pode-se, em princípio, dar somente uma única resposta verdadeira; as outras respostas são necessariamente errôneas. A idéia de que possa haver duas facetas para uma questão, de que existam duas ou mais respostas incompatíveis para ela, cada qual podendo ser aceita por homens honestos e dotados de razão, é uma noção muito recente. Alguns acham que Péricles pronunciou algo deste gênero na sua famosa *Oração Fúnebre*. Ele se aproximou disso, porém não o disse. Se a democracia ateniense é boa, então a de Esparta e da Pérsia não podem sê-lo. O mérito da sociedade livre é de permitir uma grande variedade de opiniões discordantes sem repressão – isto é, seguramente, relativamente novo no Ocidente.

O Debate do Pluralismo

Um dos principais conceitos filosóficos que o senhor discute em numerosos de seus escritos é o do pluralismo que o senhor opõe ao monismo, ou a fé em um critério único. O senhor formula este conceito para defender a velha teoria política liberal, ou o senhor o considera como um elemento importante no estudo de pensadores como Maquiavel e Montesquieu de um lado, Turguiêniev e Herzen de outro?

O pluralismo e o liberalismo não são conceitos idênticos ou mesmo que se possam sobrepor parcialmente. Existem teorias liberais que não são pluralistas. Creio ao mesmo tempo no liberalismo e no pluralismo, mas eles não têm vínculos lógicos. O pluralismo implica que já que não é possível darmos uma resposta definitiva às questões morais e políticas, ou em realidade a toda questão de valor, e mais ainda, já que certas respostas dadas pelas pessoas, e que estão autorizadas a fazê-lo, não são compatíveis entre si, é preciso abrir espaço para uma vida na qual os valores possam se revelar incompatíveis, de maneira que, se devemos evitar um conflito destruidor, compromissos possam ser obtidos, e um grau mínimo de tolerância, mesmo dado contra a vontade, torna-se-á indispensável.

O senhor considera Maquiavel um pensador pluralista?

Ele não é um monista, talvez um dualista. Maquiavel é para mim um dos pais involuntários do antimonismo porque é o primeiro pensador, na minha opinião, a indicar claramente a existência de dois tipos de moralidade na sociedade moderna: uma moralidade pagã da *virtu*, da energia, de uma vigorosa afirmação de si, da perseguição do poder e da glória, da resistência estóica ao sofrimento e ao infortúnio, da coragem republicana, do patriotismo cívico, como na República de Roma e no Alto-Império. A outra moralidade é a veiculada pelas virtudes cristãs a humildade, o desapego aos bens deste mundo, a preparação para o outro, a submissão ao poder secular aqui, neste mundo, a fé na santidade do sacrifício, a consciência de estar ao lado das vítimas e não dos vencedores. Maquiavel, é claro, não diz explicitamente que uma moralidade é preferível à outra; mas mostra claramente qual das duas tem a sua preferência. Uma vida puramente cristã, simplesmente não o interessa. Creio que foi o primeiro a colocar em evidência que a própria idéia de uma comunidade cristã é uma contradição no sentido de que não se pode ser ao mesmo tempo um cristão e um cidadão romano heróico. Os cristãos – os humildes – prontos em certas ocasiões a serem pisados; os romanos, estes, resistindo com êxito. Tal fato implica um dualismo irreconciliável. Pode-se escolher uma vida ou outra, mas não as duas; e não existe um critério superior para fazer a boa escolha; escolhe-se o que se quer e, objetivamente, não se pode classificar uma vida de superior a outra. Dependerá daquilo que se pretende fazer, do que se quer fazer. Abre-se a porta com isso para mais de duas possibilidades, na realidade para uma perspectiva pluralista. Montesquieu, por seu lado, achava que as sociedades haviam se desenvolvido sob a influência do que denominava o clima – as condições físicas nas diferentes regiões – e diferiam em conseqüência dele. Mas, em relação a outros pontos, ele não foi relativista. Considerava a justiça como um valor objetivo, imutável. Além disso, se examinar o *Diário* de Montesquieu, quando de sua viagem à Itália onde contempla as pinturas, observará que ele sabe de maneira muito clara o que é bom e o que é mau – não é uma questão de gosto: não admite nenhum relativismo nos julgamentos estéticos. Não diz que o que é natural e normal na Pérsia é diferente do que é usual na França; mas, a despeito disto, penso que tem uma visão clara da virtude, da justiça, da liberdade enquanto valores absolutos. Para ele, os costumes são diferentes, os comportamentos variam, mas que isto envolva o pluralismo com respeito aos valores, não é claro. Tal fato permanece ambíguo, como aliás, com Montaigne ou Rabelais.

E os pensadores russos como Turguiêniev e Herzen? O senhor os considera como os fundadores do pluralismo?

Turguiêniev não é filósofo, ele tem somente poucas teorias gerais; é um grande romancista. Em compensação, Herzen foi um autêntico pensador. É um dos primeiros homens que, provavelmente influenciados pelas teorias românticas, pensou que nós não havíamos descoberto os valores mas os havíamos criado, e que o propósito da vida era a vida por si mesma. Trata-se de algo realmente diferente de um bocado de coisas enunciadas por pensadores mais conhecidos do passado. Para Herzen a vida não tem finalidade além dela mesma. Os homens e as mulheres perseguem os objetivos, mas o processo da vida não os persegue. Colocar-se a questão, como muitos fizeram e o fazem ainda: "Qual é a finalidade da vida?" não significa para ele algo que tenha um sentido. Uma finalidade faz supor seres humanos concebendo finalidades. Um fim impessoal – a finalidade da vida, da natureza, da *rerum natura* –, isto não existe. Não conheço ninguém que tenha dito isto antes dele em termos tão claros, nem mesmo Max Stirner[29], cuja influência provavelmente sofreu.

A BUSCA DO IDEAL

Quais são, segundo o senhor, os deveres da filosofia política?

Examinar as finalidades da vida. A filosofia política é uma filosofia de essência moral aplicada à situações sociais, o que inclui naturalmente a organização política, as relações dos indivíduos com a comunidade, o Estado, e as relações das comunidades e dos Estados entre si. Alguns acham que a filosofia política diz respeito ao poder. Não estou de acordo: é uma questão puramente empírica, resolvida pela observação, análise histórica e investigação sociológica. A filosofia política é o exame das finalidades da vida, dos objetivos humanos, sociais e coletivos. O dever da filosofia política é estudar a validade das diversas demandas feitas por diversos objetivos sociais, assim como justificar os métodos utilizados para atingir tais objetivos. Como toda investigação filosófica, ela procura esclarecer as palavras e os conceitos com os quais estes modos de ver são concebidos, de maneira que as pessoas possam compreender o conteúdo daquilo em que acreditam e o que exprimem suas ações. Ela encarrega a si mesma de avaliar os argumentos pró ou contra os diferentes objetivos perseguidos pelos seres humanos e impedir o que Macmillan dizia, citando o termo *talking rot* (dizer bobagens). Eis o verdadeiro domí-

---

29. Max Stirner (1806-1856), autor em 1845 de *O Único e Sua Propriedade*.

nio da filosofia política, e sempre foi assim. Nenhum filósofo político autêntico se omitiu de fazê-lo.

Em fevereiro de 1988, depois de ter recebido o primeiro prêmio concedido pela Fundação Giovanni Agnelli, o senhor intitulou seu discurso de recepção, na Ópera de Turim, "A Busca do Ideal". Pode-nos dizer algumas palavras sobre a natureza deste " ideal" que o senhor persegue há meio século?

As palavras por mim dirigidas à platéia quando da entrega do Prêmio Agnelli tinham por objetivo indicar que a busca de uma solução única, final, universal, aos problemas dos homens constituem uma miragem. Há uma porção de ideais que vale a pena perseguir, alguns incompatíveis com outros, mas a idéia de uma solução de conjunto para todos os problemas humanos que, se ela vem a chocar-se com resistências demasiadamente grandes, pode necessitar do recurso da força para protegê-la, esta idéia conduz ao derramamento de sangue e à intensificação do sofrimento humano. Se me perguntar qual é meu próprio ideal, não posso lhe dar senão uma resposta modesta. Creio que não há nada mais destruidor de vidas humanas do que a convicção fanática da existência de uma vida perfeita, aliada a um poder político ou militar. Nosso século traz a prova terrível desta verdade. Creio que é preciso trabalhar por uma sociedade suficientemente decente. Se pudermos ir além, com uma vida que comporta um campo mais vasto, tanto melhor. Mas mesmo um mínimo de decência é mais do que se pode observar em certos países.

O senhor se considera como um humanista crítico?

Não vejo claramente o que o senhor entende por estas palavras. O que posso dizer é que toda a pessoa que crê na democracia ou nos direitos do homem ou em um Estado liberal, como eu, não pode recusar-se a admitir a necessidade da crítica. Todo regime que impede ou restringe a crítica, salvo em situações as mais desesperadas em que se têm necessidade da unanimidade para evitar uma destruição ou um caos completos, está no caminho do totalitarismo ou de qualquer outro fanatismo. Isto é evidente, é um truísmo.

UMA PONTE SOBRE A MANCHA?

Por que, na sua opinião, a filosofia francesa foi mais atraída pela filosofia alemã do que pela filosofia inglesa?

A filosofia inglesa sempre foi atraída pela clareza do pensamento, pelo controle das teorias e das hipóteses, pela análise das significações por meios da experiência. Assim foi no tempo de Descartes e na realidade até o aparecimento de Bergson. Nos anos 30, em parte por causa da chegada à Paris de filósofos alemães refugiados, ela foi levada para os problemas existenciais e para os estilos de pensamento hegeliano e pós-hegeliano que Russell e Moore, efetivamente, expulsaram da Inglaterra bem no começo deste século. Esqueçamos o resto desta discussão que, creio, é fora de propósito.

Como acha que possa haver um contato real entre a filosofia francesa e a filosofia inglesa?

A maioria dos filósofos ingleses passam, aos olhos dos franceses, por técnicos e despidos de densidade e, aos olhos dos ingleses, a maior parte dos filósofos franceses passam por obscuros e inflados. Eu me pergunto se se poderia conseguir criar um contato num caso simulado onde, digamos, quatro filósofos ingleses de primeira linha e quatro filósofos franceses de primeira ordem fossem enviados para uma ilha deserta durante pelo menos três anos e fossem obrigados a falar entre si sobre questões filosóficas (não tenho nenhuma dúvida de que começariam a fazê-lo, mas seria preciso convencê-los a persistir a despeito de todos os obstáculos). Então, caso um deles não compreendesse o outro, se queixasse e não quisesse mais fazer concessões, poder-se-ia simplesmente pedir-lhes, como uma proeza, que tentassem falar na língua do outro. Encorajando-se isto, poder-se-ia chegar a algo. Não é possível provocar uma comunicação a não ser por uma crítica sistemática inteligível para pessoas que falam línguas diferentes. A tarefa mais difícil para os filósofos dos diversos campos é a da tradução. Talvez seja um caso sem esperança. Mas recuso-me a ser pessimista. Eu realmente compreendi o significado do que Aleksandr Kojeve dizia a respeito de seu Hegel marxificado, e a propósito de Marcuse também. Muito embora nos tornássemos amigos e falássemos de música e de uma porção de outros assuntos, não consegui compreender uma palavra dos escritos filosóficos de um Theodor Wiesengrund Adorno, que se admira muito na França, pelo que me disseram; nem, eu o confesso, de alguém próximo de meu amigo Alan Montefiore, Jacques Derrida. Deve-se isto, provavelmente, ao meu condicionamento filosófico, do qual não posso me desfazer devido à minha idade avançada. No que me concerne, temo que não haja esperança.

Podemos ter esperança de que a tradução de seus trabalhos constituirá um passo em direção a esta comunicação?

Eu ficaria encantado, mas sou cético. Foram os filósofos anglo-americanos e Kant que me formaram. Tenho a idéia de que meus trabalhos pareceriam grosseiramente empíricos e primitivos aos pensadores franceses mais avançados. Meu amigo Charles Taylor foi incapaz de me explicar a que os filósofos franceses mais relevantes queriam nos fazer crer ou não crer. Temo ser um cavalo muito velho para aprender novos atalhos.

SEGUNDA ENTREVISTA
NASCIMENTO DA POLÍTICA MODERNA

MAQUIAVEL: A AUTONOMIA DA POLÍTICA

RAMIN JAHANBEGLOO – *Quem escolheu o título* Na Contra-Corrente? *Foi o senhor ou seu editor?*

ISAIAH BERLIN – Eu mesmo. A maiora dos pensadores que cito neste livro foram, na verdade, educados contra as idéias em moda em seus tempos. Daí minha escolha do título *Na Contra-Corrente*.

No conjunto tivemos, sobretudo, reacionários em um período de pensamento progressista. Com certeza alguns dos pensadores que analisei neste livro não pertencem a esta categoria. Verdi, por exemplo, é um homem inteiramente de seu tempo. Do mesmo modo Maquiavel. Ele é um pensador típico da Renascença italiana, mas afasta-se de uma das visões centrais admitidas pela tradição ocidental. Penso que Maquiavel foi, provavelmente, o primeiro a considerar possível a coexistência de dois sistemas de valores opostos, o cristão e o que se pode chamar, por falta de um outro termo, o pagão. Ele não oferece critério preponderante para determinar uma escolha entre eles. Não declara que um seja superior ao outro. É evidente que prefere os valores da Roma pagã, mas não condena nem critica o cristianismo. Somos informados que, em seu leito de morte, ele se confessou e morreu oficialmente como cristão; mas sua idéia, subentendida, por vezes, em *O Príncipe* e *Os Discursos*[1], de que existem duas espécies de vida que são inconciliáveis, das quais uma somente pode criar e sustentar o tipo de Estado do qual é partidário, constitui um momento histórico porque representa uma falha séria na noção de uma *philosophia perennis* em moral e em política. A noção de que só possa haver uma resposta verdadeira a não importa qual questão, seja de fato seja de valor, de qualquer maneira que a ela se chegue, e com toda a lógica que o método para descobrir a verdade é o da investigação racional, esta noção se estende da Grécia à Roma, dos escolásticos da Idade Média à Renascença, e assim até Descartes, Leibniz, Spinoza – da *Enciclopédia* ao pensamento do século XIX, e aos metafísicos, positivistas, realistas, idealistas, à metafísica, ao positivismo, ao realismo, ao idealismo e ao pensamento científico do mundo moderno. Maquiavel foi o primeiro pensador que, na mesma acepção, admitiu existir pelo menos dois modos de vida, um e outro possíveis, procurando sua salvação tanto neste mundo quanto no outro, modos de vida que não são compatíveis. Daí por que a própria noção de uma comunidade cristã perfeita sobre a terra é contraditória; Maquiavel não coloca, por certo, os pontos sobre os *is*, o que lhe poderia causar sérios dissabores, mas isto se deduz do que diz.

É esta a razão pela qual o senhor o considera como um pensador pluralista?

---

1. *O Príncipe* foi escrito em 1513 e publicado em 1532. *Os Discursos sobre a Primeira Década de Tito-Lívio* datam de 1520.

Para mim, Maquiavel é um pensador dualista. Mas quando se tem duas possibilidades igualmente válidas, pode-se ter mais. Se ele pode dispor de duas respostas, igualmente "verdadeiras", às mesmas questões, poderá dispor, no caso, de número ainda maior.

Ao fim de seu ensaio sobre Maquiavel, o senhor não fala dele, no entanto, como de um pensador de fato pluralista?

Bem, penso que ele foi mais dualista do que pluralista. O fato é que ele quebrou uma tradição monista. Para todos os efeitos, Maquiavel é o primeiro dualista moderno, pois os primeiros dualistas foram os gregos do século IV a.C. Para Aristóteles assim como para Péricles, conforme Tucídites relata, o homem está naturalmente implicado na vida da *polis*. Péricles admite que certas pessoas não se interessam pela vida da *polis*, elas são chamadas de *idiôtai* (de *idios*, particular); escolheram não participar, estão fora da sociedade, entregues a si mesmas, não exatamente loucas, mas indivíduos a quem falta algo e que se alienaram da vida normal dos homens. Para os gregos, os atenienses do período clássico, os espartanos ou os tebanos, participar da vida social da *polis* é uma função natural do homem. Platão pensa o mesmo quando fala de uma sociedade desejável, em *A República* e em *As Leis*. Sócrates, que critica a Atenas de seu tempo, é um bom cidadão e um bom patriota. Não é um individualista, ainda que alguns de seus discípulos virão a sê-lo. Quanto a Aristóteles, descreve diferentes tipos de cidades: democráticas, oligárquicas etc. Seja como for, mesmo nas cidades "más", cada qual se acha naturalmente implicado até um certo grau. Mas, com os estóicos e os epicuristas e, antes deles, com Diógenes e os cínicos, não ocorre o mesmo. Os estóicos declaram que a gente pode tomar parte na política, mas que ela não devia nos dizer respeito; participe, se lhe agrada, ou não participe – não é isso que é importante. Epicuro pede-nos que não tomemos parte na vida política, o importante para a gente é nossa salvação pessoal. Permaneça à parte da política. Observe, existe aqui uma brecha. Para estes pensadores, a política não é intrínseca à vida das pessoas. O fundador da escola do estoicismo, Zenão, foi o favorito do conquistador macedônio de Atenas. Seu esmoler, de alguma maneira. O que ele nos ensina é que o indivíduo deveria seguir a razão, mas a vida política não é apropriada à vida da razão. Assim, se não quisermos participar da vida política, nada nos obriga a fazê-lo. Um letrado inglês quase esquecido, Edwyn Devan, dá um bom exemplo do que os estóicos querem dizer. Suponha, diz ele, que seu amo o envie para buscar uma encomenda no correio. O senhor tem certamente razões para ir buscá-la, mas, se não a encontrou, não se incomode; fique indiferente. Assim ocorre com as coisas que, para os estóicos, são indiferentes. O senhor pode fazê-las, mas não são obrigações, elas não fazem parte da vida racional. Acima de tudo, o senhor não deve se sentir implicado. Porque é a emoção que está em causa, e a emoção, que altera a razão, deve ser sufocada.

Então, quem o senhor considera como sendo os primeiros pluralistas?

Nem Epicuro nem Zenão. Eles foram os primeiros a admitir a existência de duas formas de vida, a vida privada e a vida pública, mas somente a vida natural deve ser vivida. Trata-se, pois, de um monismo contra um outro: Aristóteles contra Zenão. Daí por que a própria idéia de que política se parece à navegação à vela – pode-se praticá-la ou não – é o início da livre escolha de seu modo de vida: duas escolas de filosofia pacíficas, cada uma reivindicando a autoridade da razão, em oposição radical; a heresia é a mãe do pluralismo, do relativismo, o germe de uma perspectiva mais ampla. Aristóteles morreu em 323 a.C., Zenão conheceu seu momento de glória por volta de 310. Assim, no espaço de quinze a vinte anos, algo de radical se produziu. Talvez tenham existido outras pessoas que disseram o mesmo antes. Os cínicos, os cireneus, os céticos, mas nada anterior ao fim do século IV sobreviveu, nenhum sistema de doutrinas conseqüente. Quanto aos estóicos e aos epicuristas, eles foram os opositores reais da antiga e única vida comunitária. Foram os rivais da Academia e do Liceu, depois da morte de Platão e de Aristóteles.

O senhor considera Platão como o primeiro monista?

Até onde podemos dizer, sim. Não existem muitos escritos políticos coerentes antes de Platão. Suponho que os sofistas foram monistas, mas o que sabemos realmente deles, senão o que seus oponentes nos relataram? Platão é o primeiro monista sistemático dotado de uma coerência. Isto é verdadeiro para os autores da Bíblia. Mas Maquiavel, a meu ver, é a primeira pessoa a indicar um conflito de valores reais. Para Maquiavel, podemos escolher ser um romano ou um cristão, um estóico romano ou um cristão e mártir, ou pelo menos uma vítima daqueles que exercem o poder. É por isso que o considero contra a corrente, não creio que o soubesse, não era um teórico. Sua obra gira em torno do Estado e da política, e de como fazer funcionar com sucesso uma república ou um principado. O que nele nos chocou profundamente, não é – outros o fizeram – o fato de pregar meios discutíveis para conseguir realizar seus desejos, mas por parecer solapar a própria idéia de um Estado cristão.

O senhor não considera que sua interpretação de Maquiavel como pensador "contra a corrente" vai, de certo modo, de encontro à idéia largamente difundida de um Maquiavel "pensador do poder e do Estado"?

Não, porque poucos comentadores falaram da visão global de Maquiavel a respeito de como a vida deveria ser vivida, não foi isto que chamou a sua atenção ou a de seus intérpretes. A interpretação comum de Maquiavel é de que ele indicou as direções que devemos dar a nossos atos se quisermos ter um Estado estável e poderoso. Por exemplo, manter o povo numa situação de pobreza, não hesitar em cometer crimes e assim por diante. Mas eles não põem o acento no fato de que Maquiavel torna esta espécie de ações fundamentalmente incompatíveis com a vida dos cristãos.

Ele não nega, bem entendido, que a melhor vida é a vida cristã; mas, se a gente vive esta vida tal como ela é habitualmente entendida – uma vida de humildade, desprendida de toda ambição temporal – então deve esperar ser ignorada, esmagada, humilhada, deve esperar ser liquidada. Ele não o aconselha a evitá-la. Seus conselhos se dirigem aos príncipes e aos chefes de Estado republicanos. De fato, ele sugere o seguinte: se você for cristão, não é para você que escrevo. Um Estado poderoso e próspero não pode ser construído sobre a moral dos Evangelhos.

O senhor considera Maquiavel um moralista?

Sim, é um moralista, mesmo que não demonstre interesse pelos aspectos morais da vida privada. Mas creio que a teoria política é simplesmente uma teoria moral aplicada à sociedade, às questões públicas, às relações de poder, é isso e nenhuma outra coisa. Alguns consideram que a teoria política concerne ao poder; eu não penso assim. Acho que a teoria política diz respeito às finalidades de vida, aos sistemas de valores, aos objetivos da existência social graças a que os homens em sociedade vivem e deveriam viver o bem e o mal, o justo e o falso. A análise neutra dos fatos da vida pública é a sociologia ou ciência política, mas não a teoria política ou a filosofia.

Neste sentido, o senhor se sente muito próximo de um pensador como Kant?

Sim. Ou mesmo de Hegel, ousaria dizê-lo, não tão próximo mas não distante. Não sou hegeliano. A idéia de Estado de Hegel está baseada no que ele denomina *Sittlichkeit*, e é um sistema no qual se desenvolvem as relações dos homens entre si; por exemplo, sob a forma de um Estado. Sua noção de um Estado racional fundamenta-se sobre as idéias daquilo que os homens são, podem ser e deveriam ser. Certamente isso se opõe à ética individualista ou liberal, a ética das relações pessoais independentes da atividade pública, ou da *vita contemplativa*. Não é a de Pascal quando afirma que todos os males do mundo aparecem porque não se permanece tranqüilamente num quarto[2]. A diferença é uma diferença *ética*. Pascal não fala e não pretende falar do Estado. Ao contrário, a filosofia moral de Hegel não pode ser distinguida de sua filosofia política. Mas existem certas pessoas que dizem que a filosofia moral é uma coisa e que a filosofia política é outra. Croce e muitos outros dizem isto de Maquiavel. Dizem que a moral não o interessava, que era amoral, porque se contenta em conceber de que maneira manter um Estado eficaz e que considera a política à distância toda a ética. Isso é, na minha opinião, um erro. Penso que Maquiavel não distingue a política da ética mas, unicamente, da ética cristã. Maquiavel é um pensador moral, ele refletiu sobre as finalidades da vida. Quer saber o que os homens procuram atingir. Quer que os italianos retornem aos ideais a às práticas de Roma. Quer que eles sejam enérgicos e patriotas, crê na *virtu*, que é o contrário da frouxidão, *ozio*. *Virtu* quer dizer vigor, vitalidade, capacidade de aceitar estoicamente o sofrimento, vontade vigorosa, coragem, ambição e desejo de tomar o poder e de o conservar; procura cidadãos enérgicos e patriotas governados por chefes fortes e hábeis, absorvidos pelo poder. É um ideal moral, nem liberal nem democrático, afastado dos ideais de John Stuart Mill, Michelet, Joseph de Maistre ou Tolstói, mas baseado em valores morais. Tenho a sensação de que um Bismarck, um Mustafá Kemal ou um De Gaulle são o gênero de homens de Estado que ele poderia ter admirado.

O senhor acha que poderíamos falar de dois maquiavéis: o do Príncipe *e o dos* Discursos. *Isto é, de um lado um Maquiavel adepto da autoridade, e de outro um Maquiavel republicano?*

Não. Maquiavel é um republicano. No entanto, se o senhor não pode ter uma república, então é melhor ter um

---

2. A edição Brunschvicg dos *Pensamentos* apresenta (n. 139) o texto seguinte: "...Toda a infelicidade dos homens vem de uma única coisa, que é a de não saberem permanecer em repouso, em um quarto".

bom principado do que uma república frouxa, ineficaz, fraca, incompetente. Mas, entenda-se, Maquiavel quer uma república. Foi punido pelos Médicis porque era republicano[3]. Ele nunca disse que se arrependia de ter sido republicano. Sua carta dirigida aos Médicis, na qual procura recuperar seu favor, decorre do seu desejo de voltar à vida pública: a única vida na qual acreditava. O que queria era um Estado vigoroso, e o melhor dos Estados para ele é uma república forte. Isso dá origem também a uma visão justa dos cidadãos. Mas, se não podemos ter uma república, então um principado convirá, porque a única coisa importante é de não ser esmagado por outro Estado, por inimigos poderosos, por gananciosos. A vida pública pode ser uma selva: os leões têm mais probabilidades de sobreviver do que as lebres.

Parece-me, porém, que Maquiavel está muito próximo de Cícero quando fala da República?

Até certo ponto. Ele não é um democrata. Por república entende um Estado vigoroso que é conduzido no interesse dos cidadãos. É claro que não quer que as pessoas sejam humilhadas ou esmagadas. Os dirigentes devem ser ao mesmo tempo leões e raposas: fortes e difíceis de enganar; este conselho é prático e pragmático. Assim dizia a respeito de Felipe da Macedônia que este conduzia as pessoas como gado – o que não é cristão nem mesmo humano. Mas se quisermos um Império macedônico poderoso, somos levados a agir assim. Os duros Impérios de Felipe e Alexandre são preferíveis às fracas democracias gregas. Não creio que Maquiavel diga: não estou interessado em suas razões ou suas concepções; eu lhe dou simplesmente um conselho técnico: se o senhor quer X faça Y. Não, penso que Maquiavel era apaixonadamente a favor de um certo tipo de vida pública, a única que vale a pena ser vivida. Ele não é apenas um perito técnico.

---

3. Em 1513. Quase não se afasta de Florença. Só em 1519 é que voltará a merecer a graça de Lourenço de Médicis.

E o que pensa o senhor das interpretações segundo as quais Maquiavel seria o primeiro pensador a evocar a autonomia da política?

Disse-lhe que não creio nisso. Penso que, para ele, a política é a aplicação na sociedade da categoria de princípios morais aos quais crê. A autonomia quer dizer que a moralidade não tem nada a ver com isso. É claro que Maquiavel não discute a ética. Ele jamais declara, a não ser de maneira indireta, que aquilo que se faz é contra a moralidade mas que, em política, isto é necessário. Contra a moralidade cristã ou aristotélica sim, talvez, mas não vossa ética enquanto tal. Sua ética é pagã, porém, não deixa de ser uma ética. Falar de autonomia implica que a moralidade é uma coisa e a política uma outra. Maquiavel não acreditava na separação das duas. A razão pela qual é partidário de uma república forte é porque acredita que sua força, seu orgulho, sua glória, seu sucesso são desejáveis. Sua perspectiva não é simplesmente compatível com a moral cristã da submissão.

De que maneira se pode considerar Maquiavel como um pensador moderno?

Bem, é o primeiro pensador a ter compreendido que existe mais de um sistema de valores para a vida pública. É também o primeiro a falar de relações internacionais. Desejava que o mundo público no qual vivia fosse melhor do que qualquer outro. Antes de Lênin, ele colocou a questão "O que fazer?"

Segundo o senhor, quais são as principais características da modernidade?

Não penso que existam caracteres próprios da modernidade. Não vejo o que isto possa significar. Onde isto começa. A pré-modernidade, a modernidade, a pós-modernidade são, a meu ver, conceitos arbitrários.

5. Nicolau Maquiavel (1469-1527). Museu Bargello de Florença.

O ESTADO EM THOMAS HOBBES

Pois bem, prossigamos com um outro pensador político, Thomas Hobbes, que o senhor jamais cita em seus ensaios.

Hobbes não me interessa muito, apesar de considerá-lo um pensador brilhante e um escritor maravilhoso. De fato já escrevi algo sobre ele. Certa ocasião elaborei uma resenha a respeito do livro escrito por um marxista, chamado C. B. Macpherson. Em sua obra *A Teoria Política do Individualismo Possessivo*, ele considerava que *Leviatã*[4] não é o Estado ou um grupo dirigente mas a classe capitalista, o que me pareceu errôneo. Não tenho certeza se Hobbes pensava na burguesia. Fiz conferências sobre Hobbes e forjei uma opinião própria sobre ele, Spinoza, Locke e outros pensadores políticos do século XVII, mas não senti desejo de elaborar um livro acerca da história da teoria política, razão pela qual não escrevi muito a propósito deles. Debrucei-me sobre Maquiavel porque me interessava saber quando e como alguém se opôs pela primeira vez ao monismo, à *philosophia perennis*. Li Croce e ele me pareceu convencional e, sobre Maquiavel, incorreto. Jamais compreendi porque Croce dominava tanto a vida intelectual na Itália. Um tal domínio não parece encontrar equivalência em parte alguma – não conheço nenhum caso comparável; acho isto surpreendente. Todo escritor italiano moderno tenta acertar contas com Croce, qualquer que seja o tema. Alguns se opõem a ele, mas é preciso dizer por que o fazem. Foi, sem dúvida, um escritor de múltiplas facetas, nos domínios da história, da estética, do marxismo e de muitas outras coisas, mas não se pode compará-lo aos pensadores maiores – Spinoza, Leibniz, Kant, ou mesmo Hegel – ou

---

4. *Leviatã, ou a Matéria, a Forma e o Poderio de um Estado Eclesiástico e Civil* (1651) é a obra principal de Hobbes, com *De Cive* (1642). Leviatã é um monstro marinho da mitologia fenícia que reencontramos na Bíblia.

ainda aos filósofos do século XX tais como Husserl, Wittgenstein, Russell ou William James[5].

Em que contexto o senhor coloca a teoria política de Hobbes?

Esta me parece uma questão de caráter demasiadamente geral. Além disto, é maçante fazer classificações.

Como o senhor se interessou por Hobbes?

Quando era estudante, sem dúvida. Li Hobbes e Locke da mesma forma que li Descartes, Kant e William James.

O senhor acha que Hobbes é um pensador pertinente?

Bom, de uma certa maneira, sim. Penso que a história avança em espirais. Há pessoas que se tornam interessantes porque escrevem sobre situações providas de semelhança com certas situações ulteriores. No século XIX, ninguém pensava muito em Hobbes, porque a Inglaterra vitoriana ou a França do século XIX, ou os Estados Unidos, ou a Itália, ou mesmo a Alemanha, não pareciam sociedades às quais as idéias de Hobbes eram naturalmente aplicáveis. Mas o século XX se aproxima politicamente mais do século XVII. As grandes e violentas lutas pelo poder, o nascimento dos Estados totalitários, a brutalidade, o perigo para a vida individual são mais importantes no nosso século do que o foram no século XVII. No século XVII, a proteção contra o assassinato é um dos assuntos tratados por Hobbes. As pessoas tinham medo de uma morte violenta. A possibilidade de uma morte violenta era de maior atualidade para os ingleses do século XVII do que iria sê-lo, por exemplo, durante os anos de 1860. Daí por que Hobbes conheceu

---

5. Benedetto Croce (1866-1952), ministro da Instrução Pública (1920-1921), recusa-se a apoiar o fascismo; em 1947, preside o Partido Liberal. É autor, entre outros de *A Lógica como Ciência do Conceito Puro* (1909), *Breviário de Estética* (1913), *História do Barroco na Itália* (1929) e *A História como Pensamento e Ação* (1931).

uma retomada de interesse. Certos períodos do passado recuperam interesse em determinadas épocas. Ninguém se interessa pela Atenas do século III porque seus problemas estão demasiado afastados dos nossos. Neste ponto, Croce tem razão: todas as questões reais são, em certo sentido, questões contemporâneas. Hobbes descreve um Estado autoritário, em que o acento é colocado sobre as leis que não incluem método legal de reforma. A razão de obedecer a o Estado é a proteção que ele oferece para vossa segurança. O medo da morte ou de prejuízos é supremo. Assim, nos Estados fascistas ou outros Estados totalitários, vossa razão de obedecer é o medo. As pessoas seguiram Mussolini porque temiam a anarquia, a ocupação das fábricas pelos trabalhadores; mesmo os liberais como Croce ou Toscanini começaram por apoiar Mussolini – arrependeram-se bem depressa[6]. Medo e desordem é a motivação maior de Hobbes. É por isso que ele se opunha à variedade de opiniões, particularment e em matéria religiosa. As seitas se parecem vermes nas entranhas dos corpos da política. É necessário, portanto, eliminá-las.

Assim, Hobbes é um pensador monista.

Absolutamente, mais que qualquer outro. Vou contar-lhe algo divertido, se isto lhe interessa. Pensava antigamente que a União Soviética era uma espécie de Estado hobbesiano, porque possuía leis rigorosas. Mas Hobbes não afirma que todas as leis devam ser rigorosas. É um erro. Hobbes não quer nem a crueldade nem a opressão, mesmo se chegaram a interpretá-lo desta maneira. Queria leis rigorosas, mas unicamente o mínimo necessário para preservar a ordem pública. Isso se parece, na verdade, a um homem que pensa estar ameaçado de perder o domínio de si próprio e decide, por conseguinte, enfiar-se numa camisa de força.

---

6. Toscanini voltou a dirigir o Scala de Milão de 1920 a 1929; jamais fez concessões a Mussolini, que chegou ao poder em outubro de 1922. Recusar-se-ia mesmo a dirigir o hino mussoliniano em 1926, na abertura de *Turandot*.

Ele a veste porque acha que pode enlouquecer e porque crê que ela a protegerá. Ou é como o despertador que a gente regula para despertar-nos caso não acordemos sozinhos. Se pensa poder perder o controle, o senhor inventa então uma máquina, um Leviatã, que se arma automaticamente. Um mecanismo que se impõe a si mesmo. Eis a doutrina de Hobbes.

A este propósito, fui à Paris em 1946 ou 1947 e aí conheci um homem muito interessante, Aleksandr Kojeve. Era russo de origem e um escritor bem conhecido por ter escrito sobre Hegel. Além disso, um dos homens mais divertidos e mais inteligentes que já encontrei. Havia se tornado um importante funcionário das finanças francesas[7]. Falamos de Stálin. Disse-lhe, lembro-me: "Pena que sabíamos tão pouco dos sofistas gregos. Tudo o que conhecemos deles foi através de Platão e Aristóteles, é como se nós não conhecêssemos as opiniões de Bertrand Russell senão a partir dos manuais escolares soviéticos – 'Oh não! se fosse este o caso, poderíamos pensar que é um bom filósofo!' Nós falamos de Hobbes e do Estado soviético. 'Não', disse-me ele, 'não é um Estado hobbesiano' ". Prosseguiu dizendo que, desde que se compreende que a Rússia é um país de camponeses ignorantes e de operários pobres, percebe-se que é um país muito difícil de se ter o controle. É perigosamente retrógrado, me afirmava; retrógrado em 1917 e não unicamente no século XVIII. Presentemente, quem quiser fazer algo da Rússia deve sacudi-la violentamente. Em uma sociedade que conhece regras muito severas – embora absurdas – por exemplo, uma lei que estipulasse que cada um deve endireitar uma árvore às três horas e meia da tarde, todo mundo o faria para salvar a pele. Mas isto não era suficiente para Stálin. Isto não mudava suficientemente as coisas, e Stálin precisava esmagá-los numa

---

7. Nascido em Moscou em 1902, Aleksandr Kojeve morreu em Paris em 1968. Chegou à França em 1928, com um doutorado em filosofia, lecionou na École Pratique des Hautes Études de 1933 a 1938. Pertencente à Resistência (grupo "Combat"), em 1946 trabalhou na direção das Relações Exteriores do Ministério de Economia e Finanças. Seus cursos sobre Hegel exerceram considerável influência sobre o pensamento francês, notadamente sobre Georges Bataille e Jacques Lacan.

massa que pudesse modelar como o desejasse; sem hábitos, sem regras às quais as pessoas pudessem se referir; caso contrário, as coisas permaneceriam estáticas. Mas se o senhor acusa as pessoas de infringir leis que eles não infringiram, de crimes que não cometeram, de atos dos quais compreenderiam sequer o alcance, o senhor atingirá os seus fins. Ninguém mais saberia onde se achava, ninguém mais estaria em segurança pois, o que quer que o senhor pudesse fazer ou não fazer, ainda assim poderia causar sua destruição. Chega-se a uma completa *anomia*. Tão logo se obtenha esta espécie de massa de altéia, o senhor pode moldá-la, à sua vontade, de um momento para o outro. A coisa consistia em não deixar nada fixo. Kojeve era um pensador engenhoso, e imaginava que Stálin o era igualmente. Hobbes concebia leis pelas quais se poderia sobreviver, se se obedecesse a elas. Stálin fez leis que podiam punir as pessoas cegamente, quer as respeitassem quer as infringissem. Nada poderia ser feito para salvá-las. Eram punidas por violação de leis que inexistiam ou pelo respeito a leis que, tampouco, existiam. Nada poderia salvá-las. Somente a partir desta coisa passiva na qual os seres humanos iam sendo reduzidos é que se poderia construir o futuro.

Estou curioso em saber se Hobbes foi traduzido para o russo?

Sim. Em russo Hobbes é Gobbs. É muito bem tratado na história e na filosofia soviéticas, porque foi um materialista. O mesmo se dá com Spinoza, porque passava por ser um materialista, por mais absurdo que isto possa ser. Os "maus" pensadores eram Leibniz, Locke, Berkeley, Hume. Hegel não está totalmente no índex por causa de Marx. Nem Feuerbach, porque fora lido por Lênin.

SPINOZA E O MONISMO

Falemos de Spinoza. Que pensa o senhor dele?

Penso que Spinoza foi um monista completo. Um é bom; muitos é ruim. Sua teoria política parece-se, em muitos aspectos, com aquela de Hobbes. Segundo ele, em política deve-se governar. Para governar, cumpre fazer coisas que não são estritamente horrorosas. Spinoza é, de maneira surpreendente, um pensador político severo.

Mas parece conceder mais poder ao povo do que Hobbes?

Sim. Mas ele crê na autoridade. E, bem entendido, acreditava na liberdade de pensamento e de expressão, o que não é o caso de Hobbes. Há a este respeito um livro sobre Spinoza escrito por um ex-marxista norte-americano que se intitula *Spinoza e o Liberalismo*. Sendo assim, Spinoza não é um teórico que me interesse particularmente por ser, para mim, demasiadamente racionalista. Mas *A Ética* é um livro maravilhoso, cheio de um sentimento nobre e profundo. É totalmente desconectado da história: as verdades fora do tempo me parecem suspeitas.

É a mesma coisa com Descartes ou Leibniz?

Não. Leibniz é realmente um gênio universal. Além do mais, ele julga que existem causas que produzem tendências mas que não são determinantes, é o que chama de *clinamen*. Se se autoriza um certo desvio em relação à causalidade rígida, não se é mais monista.

Mas o que vem a ser a teoria do "melhor de todos os mundos possíveis"?

É quando Leibniz pretende explicar por que o mundo é tal como ele é. Afirma que se fosse mais perfeito, não estaria mais em condições de compreendê-lo. Fosse ele mais simples seria muito mais rudimentar. Deus fez um compromisso entre o mundo mais perfeito e o mais simples, é uma espécie de *jeu d'esprit* (jogo do espírito). Leibniz acreditava simplesmente que Deus tem uma razão suficiente para tudo aquilo que ele cria: nada é irracional ou supérfluo. Mas o dr. Pangloss é uma maravilhosa caricatura.

Portanto, o senhor não considera Leibniz um racionalista severo, à maneira de Spinoza?

Sim, ele o foi. Mas ele autorizava uma maior liberdade de ação e de escolha. Spinoza é um determinista rígido, Leibniz não.

Mas o senhor não acha que Leibniz seja um pensador otimista? Na realidade, Voltaire zombou dele no Cândido?

É verdade. Mas Leibniz pensa mais em termos de desenvolvimento orgânico do que em termos mecânicos ou geométricos. Para ele, as entidades estão *chargées du passé et grosses d'avenir* (carregadas de passado e prenhes de futuro). A doutrina de Leibniz é uma doutrina evolucionista. O mesmo não acontece com Spinoza que não possui nenhum senso de mudança ou de evolução, que não tem nenhum senso de história. Spinoza acha que se poderia, em todas as épocas, imaginar soluções corretas para todas as questões, mas que infelizmente não foi feito, enquanto Leibniz tem o senso da continuidade da história e do caráter único de cada momento. Spinoza prega uma espécie de racionalismo fora do tempo. Pensa que toda idéia poderia nascer não importa em que época. Quem no mundo poderia ainda aceitar isto, depois de Hegel?

Hegel foi fortemente influenciado por Spinoza. O senhor não pensa assim?

Não, penso que Hegel foi muito mais influenciado por Aristóteles do que por Spinoza. Quanto à influência de Spinoza sobre Hegel, ela existe: o panglossismo vem dele, tenho esta sensação. O Spinoza do século XVIII não é Spinoza; aquele de Herder ou de Goethe não é Spinoza nem, aliás, o Spinoza de Diderot. No caso dos alemães, isto assume a forma do panteísmo; *Deus cive Natura* transforma-se em uma doutrina mística, uma aproximação romântica distanciada da luminosidade crua de Spinoza.

OS CONTRA-LUZES: JOSEPH DE MAISTRE E EDMUND BURKE

Voltemos a Na Contra-Corrente *e, em particular, ao seu estudo sobre os contra-iluministas. Qual foi, em sua opinião, a contribuição dos contra-iluministas ao desenvolvimento do pensamento europeu?*

A mais importante infuência deles sobre o pensamento europeu é a convicção de que a ciência e a razão não possuem todas as respostas, que para algumas questões centrais relativas aos valores – éticos, estéticos, sociais, políticos – pode-se ter mais de uma resposta válida. A velha crença era de que para cada questão existia uma única resposta verdadeira. É possível que nós não a conheçamos, que sejamos muito estúpidos, ou muito mal preparados ou então prevenidos pelo pecado original, ou ainda incapazes de encontrá-la por qualquer outra razão. Mas, se a questão é autêntica, então deve existir para ela uma resposta verdadeira. O senhor e eu não a conhecemos; mas talvez alguém, um dia, irá conhecê-la. Talvez Adão a conhecia no paraíso terrestre, talvez os anjos a conheciam e, se não for este o caso, então somente Deus a conhece, mas a resposta deve, em princípio, existir. Deve haver certamente um método correto para se obter a resposta. Uma vez mais, nós podemos não conhecê-la; alguns procuram a revelação nas Sagradas Escrituras, outros se voltam para a Igreja, outros para os laboratórios ou para a *vox populi*, ou no coração puro de um simples camponês ou de uma criança (como Rousseau). A salvação está ligada à descoberta do bom caminho: desde então, guerras terríveis foram feitas para salvar as almas e impedi-las de serem destruídas por falsas crenças. Deve existir, com certeza, um método para se obter a resposta correta. Segue-se que, quando todas as boas respostas forem obtidas, o senhor poderá colocá-las lado a lado, porque uma proposição verdadeira não pode ser incompatível com outra proposição verdadeira – é a verdade lógica – e daí resultará uma harmonia. É a solução do quebra-cabeça. É a idéia de uma vida perfeita. Uma vez que o senhor saiba o que ela é, sabe o que fazer. É o monismo. Os contra-luzes abrem uma brecha através de tudo isto. Começam na Alemanha, no século XVIII, onde pessoas como Johann Georg Hamann[8] diziam: "Deus não é um matemático, Deus é um artista". No caso de Hamann, os problemas só deveriam encontrar suas respostas com a compreensão da mensagem da Bíblia. Considera que, se se começar a questionar as doutrinas morais dos racionalistas franceses, ou *philosophes*, então a gente se dará conta de que as fórmulas deles são demasiado abstratas e gerais para poder solucionar os problemas angustiantes da vida. Herder, também, fala em nome dos contra-iluministas quando diz que "cada cultura possui seu próprio centro de gravidade". Herder quer dizer, com isso, que as diferentes civilizações perseguem objetivos diferentes e que estão habilitadas a fazê-lo. O fato de nós não sermos gregos não nos pode ser impugnado, o fato de não sermos romanos não nos pode ser censurado. A idéia de tentar nos fazer parecer aos romanos desfigura nossa própria natureza. Nós somos o que somos. Nossos ideais são o que são. Aristóteles, porém, pertence a eles, Leibniz é nosso. Nós procuramos o bem, procuramos o justo, procuramos o belo; e o fato de isso não corresponder ao que pensavam os turcos da Idade Média, vivendo num mundo muito diferente do nosso e enfrentando problemas levantados por eles, dos quais não podemos ter senão uma idéia mínima, não tem nada a ver com nossas vidas e nossos objetivos.

Quem inventou o termo "contra-luzes"?

Um norte-americano escreveu um livro sobre a "Anti-Renascença". Eu não sei quem inventou o conceito de contra-luzes. Alguém por certo pronunciou a palavra. Será que poderia ter sido eu? Ficaria surpreso. Realmente, não faço a mínima idéia.

---

8. J. G. Hamann (1730-1788), o "Mago do Norte", opunha ao racionalismo clássico e ao de Kant um pensamento místico que influenciou Herder e Goethe (*Cruzada do Filólogo*, 1762, *Metacrítica do Purismo da Razão*, 1784).

Em seu ensaio sobre os contra-luzes, o senhor parecia mais preocupado com a reflexão de pensadores como Vico e Herder do que com a de Burke, Maistre ou Bonald. É por que considera que Vico e Herder estão livres de preconceitos reacionários e do ódio à igualdade e à fraternidade?

Tenho um longo ensaio sobre Maistre que vai ser publicado proximamente. Ele foi um crítico terrível das luzes, porém brilhante e importante. Eu lhe direi por que estou interessado por Vico e Herder. Fundamentalmente, sou um racionalista liberal. Os valores das luzes, que pessoas como Voltaire, Helvétius, Holbach, Condorcet pregaram, são para mim profundamente simpáticos. Talvez elas tenham sido demasiado estreitas, e freqüentemente errôneas no que concerne aos fatos da experiência humana, mas estes homens foram grandes libertadores. Libertaram as pessoas dos horrores, do obscurantismo, do fanatismo, de opiniões monstruosas. Levantaram-se contra a crueldade e a opressão, contra a superstição e a ignorância, e contra um grande número de coisas que arruinavam a vida das pessoas. É por isso que estou do lado deles. Isto posto, eles são muito dogmáticos. Mas as opiniões do inimigo me interessam, porque creio naquilo que pode avivar a visão, e os inimigos astuciosos e dotados pinçam os erros ou as análises estreitas no pensamento das luzes. Os ataques críticos que conduzem ao conhecimento me interessam mais do que a simples repetição de lugares-comuns sobre as luzes. O senhor compreende, é maçante ter de repetir que John Stuart Mill tem razão contra Hobbes ou que Sakarov é um pensador mais nobre do que Lênin, ou que aquilo que diz Herzen é muitas vezes mais justo do que o que disse Karl Marx. Se o senhor crê nos princípios liberais e na análise racional como eu, então deve tomar em conta as objeções, as fraturas que se encontram de seu lado, os erros das pessoas de sua posição: a crítica hostil, a própria oposição sectária podem revelar a verdade. Como acabo de dizer, o ódio aviva a visão tanto, senão mais, quanto o amor. Não partilho nem admiro verdadeiramente os pontos de vista destes inimigos das luzes, mas deles aprendi não poucas coisas; alguns dos conceitos centrais como a idade da razão e, sobretudo, algumas de suas implicações políticas são denunciados como inadequadas e por vezes desastrosos.

O que acha de Burke?

Burke é igualmente um crítico importante. Os argumentos que ele opõe à Revolução Francesa[9] são muito penetrantes e proféticos; faz pouco tempo que eles são aceitos, às vezes sem serem aprovados pela maioria dos críticos sociais progressistas. Não se deve culpá-lo pelos excessos de alguns de seus admiradores modernos. Não se deveria jamais culpar as pessoas por aquilo que suas opiniões possam um dia acarretar. Culpar Hegel pelo nazismo é ridículo e, no entanto, alguns o fazem. Maistre, concordo, está mais próximo da Action Française do que Hegel estava do nazismo. Os grandes liberais do século XVIII acreditavam que o meio para se conseguir com que as pessoas vivessem corretamente era por meio da educação e das leis, isto é, o método da cenoura e da vara. A cenoura seduz e a vara constrange. Helvécio pensava que se podia reformar a sociedade condicionando as pessoas a agir de modo correto, por meio de recompensas e punições, como se procede com as focas e os cães amestrados. A chave está em que, uma vez adquirido o hábito de viver da maneira como o educador considera o bom caminho, tudo caminhará a contento – felicidade, harmonia, virtude florescerão. Mas isso vem de encontro à idéia kantiana de liberdade humana, na qual creio. Modelar os seres humanos como crianças e animais conduz, logicamente, a Auguste Comte, Marx e Lênin. Quando o senhor sabe o que tem a fazer pode fazê-lo pela persuasão ou pela força, e é a negação do próprio fundamento dos direitos do homem – e da necessidade da escolha.

Na sua opinião, um pensador como Marx está mais próximo de um pensador como Maistre?

9. *Reflexões sobre a Revolução Francesa* (1790).

6. Johaan Gottfried Herder (1744-1803).

É claro que não. Ao contrário, Marx está muito mais próximo de um pensador como Helvécio, mesmo se considera que Helvécio errou em não se interessar pela economia. Estes homens do século XVIII eram deterministas. Mas, para Marx, eles não levaram em consideração os fatores importantes, a saber, os resultados dos avanços da tecnologia o que, bem entendido, Saint-Simon fez. Eles não compreenderam que toda a história está marcada pela luta de classes. Mas quando se tiver compreendido isso, então, supunha Marx, se poderá organizar as coisas como se deve. Para os marxistas, esses homens cometeram alguns erros empíricos porém, em princípio, tinham razão: são verdadeiros precursores. Plekhanov, que é o mais inteligente de todos os marxistas russos e um excelente escritor, inicia sua história do socialismo com a *Enciclopédia*, depois passa para Saint-Simon e Fourier, Rodbertus e Lassalle, e termina por Marx, Engels e suas próprias idéias. Maistre é um pensador demasiadamente sombrio para Plekhanov: daí porque ele o ignora, assim como os críticos católicos. Mas Maistre expunha bem as imperfeições de um materialismo ingênuo. É absurdo aceitar, seja Maistre seja Helvécio, engolir o que vem deles. É preciso ler ambos. É preciso ler tanto Rousseau como Burke. É a maneira de aprender alguma coisa. Nada é mais fatal, em moral e em política, do que as idéias únicas, mesmo nobres, nas quais se crê fanaticamente.

Assim, do seu ponto de vista, existe uma grande diferença entre pensadores como Vico e Herder de um lado, e Maistre e Burke de outro, mesmo sendo todos eles pensadores da corrente contra-luzes?

Bom, eles se parecem no sentido de que são todos críticos daquilo que se poderia chamar "monismo otimista". Para Vico, existem diferentes civilizações e diferentes escalas de valores. Herder imaginava diferentes ambientes, diferentes origens, diferentes línguas, diferentes gostos e diferentes aspirações. Se o senhor admite que possa haver mais de uma resposta válida para um problema, é em si uma grande descoberta. Isto conduz ao liberalismo e à tolerância. Isto conduz aos antípodas de Maistre e a um retorno a Maquiavel. Ninguém era mais antiliberal do que Maquiavel, mas, paradoxalmente, suas doutrinas abriram a porta à tolerância. Por vezes, as pessoas falam ou agem em direções que resultam no oposto de suas intenções iniciais. Maistre era um autoritário. Robespierre igualmente. Ambos foram muito longe, e suas idéias conduziram, ou no caso de Maistre poderiam ter conduzido, a um despotismo terrível. Quando o senhor lê os dois, dá-se conta de que cada um proferiu verdades que se opõem. Quando as verdades ou os valores básicos são incompatíveis entre si e, quando nenhuma síntese é possível (ela jamais o é, ainda que desagrade a Hegel), se for preciso evitar a supressão total de uma destas verdades ou dos objetivos humanos básicos e, por causa desses fatores mesmo, em certas situações, surgir um terrível despotismo, dever-se-á realizar um compromisso tolerável mesmo que penoso. É algo triste de se dizer. Se alternativas intoleráveis precisam ser evitadas, a vida deve estar num equilíbrio difícil. Creio profundamente nisto: mas não é uma doutrina suscetível de inspirar a jovem geração. Eles estão a procura de absolutos; e como de hábito isto termina cedo ou tarde em sangue.

Como um inglês, o que acha da crítica de Burke à Revolução Francesa. Ela lhe parece muito pertinente hoje?

Ela o é, com certeza. Burke era profundamente conservador. Acreditava que a tradição molda todas as coisas. Burke era cristão. Acreditava ser preciso obedecer a lei de Deus, que criou a Natureza – para trabalhar segundo determinadas maneiras, e que nos devíamos ajustar à corrente central na qual as coisas evoluem; a idéia de derrubar esta tradição em nome de idéias ou ideais abstratos era para ele fútil, perigosa e má no plano moral. O que pode conduzir à negação completa de uma possibilidade de reforma radical. Em troca, Burke enunciou um certo número de coisas muito sensatas. Para ele, a idéia de que se pudesse descobrir uma entidade tal como a natureza humana pura tirando-se todas as camadas da civilização e da arte, até que fosse possível chegar ao "homem natural", isto é, ao que é comum e verdadeiro a todos os homens em todos os lugares, em todos os períodos, esta idéia é falsa. Fazer uma revolução em nome da verdadeira natureza humana – o filho da natureza de Rousseau, não deformado pelo vício humano, pelo erro, pela arte, pela ciência, pela corrupção da civilização – é absurdo e nocivo. Não existe, para Burke, algo que se assemelhe à natureza humana universal. As artes fazem parte de nossa natureza, a civilização é parte dela, as diferenças de tradição fazem parte de nós mesmos. Não é verdade que haja um núcleo central recoberto de vestimentas artificiais: as invenções dos homens, a arte, a cultura, as diferenças de hábito, o gosto, o caráter. A natureza é desenvolvimento e não algo de estático e imutável, idêntico a todas as épocas e em todos os lugares, esperando ser liberada do acúmulo de tegumentos antinaturais com os quais os vícios e as pequenas manias dos homens a recobriram.

É esta a razão pela qual ele se apresenta como um crítico severo da declaração francesa dos direitos do homem?

Certamente. A Declaração dos Direitos do Homem e do Cidadão é um dos legados mais nobres da grande Revolução. No obstante, a idéia de que, por exemplo, o direito de propriedade é sagrado, na qual Burke e os revolucionários franceses acreditavam, não é algo que eu reconheça. No mundo de hoje, consideramos a propriedade privada como indispensável para o respeito de um grau mínimo de liberdade individual – os regimes marxistas nos ensinaram isto – mas é provável que eu, mais do que a maioria das pessoas que hoje vivem, não estaria pronto a morrer pelo sistema capitalista. Neste sentido, progredimos além dos princípios tanto da Gironda como dos Jacobinos.

Maistre está muito próximo de Burke, sob este aspecto, quando diz jamais ter encontrado em parte alguma o homem de referência.

Oh, sim, ele tem um grande respeito por Burke. Maistre diz: eu conheci franceses, ingleses, russos, e o sr. de Montesquieu nos diz que existem os persas. Certamente ele tem razão. Vico disse o mesmo. Vico negava que havia uma natureza humana universal. É por isso que não acreditava que os selvagens tinham leis naturais gravadas sobre o coração em letras mais duráveis que o cobre. Quando Thomas Paine fala de Burke: "Ele admira a plumagem, mas esquece o pássaro"[10], há muito de verdade nisto também. O Antigo Regime não foi para mim um regime sedutor. O regime de Luís XV não me parece melhor, digamos, do que o de Luís-Felipe. Ele era apreciado pelas pessoas bem nascidas e pelos ricos; a miséria dos pobres era terrível; bem mais do que nos períodos mais recentes.

Mas, num plano filosófico, o senhor se sente mais próximo de Burke ou de Thomas Paine?

Nem de um nem de outro. Sinto-me próximo de Condorcet. Muito simples e muito ingênuo, Condorcet dizia que se podia responder a todas as questões utilizando-se o método científico. *Calculemus* era sua fórmula. Isso não é possível. Os fins humanos estão em conflito. Nenhuma massa de cálculos nos pode evitar escolhas penosas e soluções imperfeitas. Mas seu *Esboço de um Quadro Histórico dos Progressos do Espírito Humano* é um trabalho notável e profundamente comovedor; muito daquilo que diz é novo, verdadeiro e importante. O que mais se pode exigir de alguém?

Mas o senhor compartilha de sua idéia do progresso?

Não, mas seu tom é justo. Sua posição em relação à humanidade é justa. Ele acreditava nas luzes, na educação, na tolerância e na igualdade racial e social. Acreditava numa sociedade humana decente. E quando, oposto a ele, Maistre diz que nos é feita a proposta de seguir a natureza mas que isso acarreta curiosas conseqüências, esta opinião

---

10. O jornalista e panfletário norte-americano Thomas Paine (1737-1809), adepto das idéias da Revolução Francesa – membro da Convenção como delegado girondino – fez a sua apologia contra Burke em *The Rights of Man* (1791-1792).

não é absurda. Os *philosophes* dizem que a natureza é um todo harmonioso – se o senhor estudá-la seriamente, declara Maistre, o que encontrará? Um abatedouro. Plantas que se destroem umas às outras, animais que se entredevoram, violência por toda a parte e, o pior de todos, o homem "natural". Os animais pertencentes à mesma espécie se matam com freqüência, mas o homem os mata e mata seus semelhantes também – nada lhe resiste: é o mais cruel de todos os animais. Assim sendo a natureza é um campo de batalha. É talvez excessivo, porém, ainda que dessa forma, mais próximo da verdade do que dizer: sigamos a natureza, nela tudo é pacífico, harmonioso e belo. Isso não é verdade. Essa é a razão pela qual tenho interesse em Maistre. Como eu lhe havia dito, atribuo mais interesse aos críticos do que aos campeões que defendem as idéias nas quais eu creio.

VICO OU A FILOSOFIA MODERNA DA HISTÓRIA

Então, vamos a um destes campeões. Segundo o senhor qual é o significado e a pertinência de Vico em nossa época?

Bem, vou tentar explicar-lhe. Vico[11] é, eu o creio, o primeiro homem a ter compreendido (e a nos ter dito) o que é a cultura humana. Demonstrou qual era a idéia de uma cultura, sem conhecê-la. Ninguém antes dele, ao que eu saiba, havia pensado em reconstituir a maneira como os homens e as mulheres sentiam e refletiam quanto ao que eles representavam no contexto da natureza que constituía seu quadro de vida, como pensavam (ou sentiam) sua relação pessoal com a natureza, concebida como qualquer coisa de resistente ao tempo: é a essência dos tipos de comportamento – ação e reação –, físico, emocional, intelectual, espiritual, que compõe as culturas. Se o senhor quer compreender como as pessoas viviam, deve conhecer seus mo-

---

11. Giambattista Vico nasceu em 1668 em Nápoles e aí morreu em 1744, dez anos depois que a cidade passou às mãos dos Bourbons.

dos de veneração; deve saber a que se parecia a sua escritura. Deve saber que tipo de imagens, de metáforas, de comparações utilizavam, a maneira como comiam, bebiam, educavam seus filhos, a percepção que tinham de si mesmos, seu tipo de envolvimento na vida social, política e espiritual. Penso que foi isso que Vico estabeleceu e que Herder continuou. O conceito de cultura como modelo, não como princípio orgânico, mas como modo de existência, e esta é a principal contribuição de Vico à história das idéias – que o modo de vida romano é diferente daquele de Roma na Renascença; que a religião romana e a lei romana têm muito mais laços entre si do que os estudiosos de uma e da outra puderam supor outrora. E assim por diante.

De que maneira o senhor considera Vico o ancestral daqueles que se opuseram às pretensões dos deterministas, dos relativistas e dos filósofos com concepções mecanicistas?

Vico não é um determinista. Ele crê na Providência, que determina nossas vidas mas nos granjeia o livre arbítrio na falta do controle das conseqüências dos nossos atos, que somente a Providência fixa. Crê na existência de ciclos de mudanças da história, mas penso que esta é a sua doutrina menos original. Maquiavel e Políbio já acreditavam em ciclos. Mesmo Platão acreditava em algo deste gênero. Mas não é isso o que é interessante em Vico. O interessante é a idéia das interconexões e fulgurações interativas de formas aparentemente diferentes de pensamento, de comportamento, de sentimento e de ação dos homens.

Em que sentido sua interpretação de Vico difere da visão romântica de Vico, ilustrada por Michelet?

Creio que Michelet viu acertadamente. Achava que o que Vico lhe ensinara era que a história do homem é a história dos grupos de pessoas – as comunidades –, e não a dos indivíduos; os indivíduos não interessam a Vico. Michelet o seguia considerando a história como a de sociedades lutando contra as forças da natureza e tentando utilizá-las para criar formas de vida nas quais pudessem sobreviver e prosperar. A história do homem é o combate contra a natureza, contra forças, contra obstáculos humanos e não-humanos, esta é a idéia de Michelet do progresso para a nossa própria liberação.

Que pensa o senhor da visão historicista de Vico, aliada aos nomes de Croce e de Collingwood?

Não estou de acordo com a visão historicista de Vico; há em Vico um historicismo unicamente em virtude de sua crença na existência de ciclos. Não se pode duvidar. Mas não me sinto próximo das interpretações dadas por Croce ou Collingwood[12]: eles utilizaram Vico para seu próprio proveito.

O senhor parece estar muito próximo de Collingwood quando ele afirma que "Vico estava na realidade muito adiante de seu tempo para exercer uma influência imediata de algum alcance"?

Sim, é verdade. É assim mesmo. Vico era um pensador adiantado para o seu tempo. Há autores que não o consideram assim e que dizem que Vico era um pensador napolitano típico de seu tempo. Eu não estou de acordo. Sobre este ponto partilho da análise de Collingwood. As idéias de Vico só começaram a ser compreendidas no século XIX. Vico foi descoberto tardiamente; foi um profeta à frente de seu tempo. É realmente um dos raros casos autênticos dessa imagem romântica do artista sem sucesso ou do pensador solitário que foi negligenciado em sua época até que, muito mais tarde, as pessoas se deram conta de que era um gênio.

Em seu ensaio O Divórcio entre as Ciências e as Letras[13], *o senhor fala de Vico como do pensador que foi o primeiro a revelar a grande fissura entre os domínios da ciência natural e das ciências humanas.*

---

12. Collingwood foi professor de filosofia na universidade de Oxford. Faleceu em 1943, é autor de *The Idea of History* e *The Principles of Art*.
13. "The Divorce between the Sciences and the Humanities" (1974), reimpresso em *Na Contra-Corrente*.

Sim. Vico foi aquele que disse: todo mundo fala da natureza, mas o que sabemos da natureza? Conhecemos o que vemos, ouvimos e tocamos, mas não sabemos o que faz com que as coisas aconteçam. É de notar-se, no caso do gênero humano, podemos imaginar, ter uma idéia daquilo que faz com que as pessoas queiram o que queiram. Não sei o que é ser uma mesa. Não sei o que é ser a energia elétrica. Mas por outro lado, sei muito bem o que é sentir, pensar, esperar, temer, interrogar, estar perplexo, estar confuso. Os cães não podem sentir remorsos. Nesta medida eles me parecem estúpidos. Porém, posso compreender o que o senhor quer dizer. Posso captar o que quer dizer sem utilizar métodos experimentais para demonstrar o que os seus gestos ou suas palavras significam ou, de fato, traduzem: se podemos aceitar que uma tal "compreensão" seja diferente do termo científico ou daquele que pertence ao senso comum, "saber", é a isto que Dilthey chamava *verstehen*, diferentemente de *wissen*. Vico foi a primeira pessoa que descobriu a diferença entre a "compreensão" e nosso conhecimento, por exemplo, do mundo exterior. Falamos da natureza, mas o que sabemos da natureza é o que descobrimos do mundo exterior. Vemos nossos corpos; mas podemos igualmente dizer qual tipo de sensação nos proporciona o fato de sermos um ente humano, nós temos uma percepção "do interior"; não como simples observadores, mas como atores, é este precisamente o domínio de *A Ciência Nova* de Vico. A compreensão concerne aos fins, aos sentimentos, às esperanças, aos temores, aos esforços, conscientes ou inconscientes, ao passo que a ciência diz respeito à atitude dos corpos no espaço. Em outras palavras, sabemos o que é parecer-se a uma mesa, mas não sabemos o que é ser uma mesa. Compreender as culturas do passado é compreender o que buscavam aquelas pessoas. Como se distinguiam em relação aos outros. Como viam o mundo e como se reconheciam no mundo. Nossos métodos não são inteiramente comparáveis aos da física: o fato é que nós podemos conhecer mais sobre nós mesmos do que sobre a natureza, que observamos ou manipulamos mas não podemos "compreender".

Em seu ensaio sobre Vico e o Ideal do Iluminismo[14], *o senhor indica que o conflito entre o monismo e o pluralismo tornou-se uma questão central no pensamento de Vico. O senhor considera Vico como o primeiro pensador do pluralismo na história do pensamento ocidental?*

Não, a idéia de variedade é pelo menos tão antiga quanto Xenofonte e Heródoto. Os séculos XVII e XVIII são séculos monistas. De fato, Vico estava interessado na progressão das culturas, e é sobre um plano teleológico e não positivista que ele distinguia uma cultura da outra; em razão disto, colocou a ênfase sobre as diferenças e não sobre as similitudes; e é aí que reside a raiz do pluralismo.

O senhor está de acordo com Karl Löwith, para quem a doutrina de Vico do verum-factum *é influenciada por Tomás de Aquino e o tomismo?*

Não. A doutrina do *verum-factum* não é influenciada pelo tomismo mas por Santo Agostinho. Santo Agostinho diz que Deus sozinho sabe muito bem o que faz. Saber e criação são a mesma coisa. Deus conhece o mundo pois foi seu saber que o criou, nós não o conhecemos porque não o fizemos. Mas, bem entendido, Vico é católico. Circulava no meio dos padres e sem nenhuma dúvida era em sua época, politicamente falando, um reacionário contra-luzes. Os marxistas recusam admiti-lo, unicamente porque Karl Marx disse que Vico fez pela evolução da consciência o que nós fazemos pelas mudanças da história. É por isto igualmente que Trótsky menciona Vico, creio, na primeira página da *História da Revolução Russa*[15]. Assim, Vico é muito bem visto na União Soviética; mas, fundamentalmente, ele era sem dúvida uma espécie de católico dissidente. Não era um tomista, porque o tomista crê no conhecimento inato das leis naturais, algo que Vico não acreditava: achava

---

14. "Vico and the Ideal of the Enlightenment" (1976), reimpresso em *Na Contra-Corrente*.
15. 1931-1932.

que os homens aprendiam estas verdades – mas que os bárbaros não as possuíam.

Para o senhor, Vico tem pelo menos um precursor, Nicolau de Cusa?

Sim. Ele fala alguma coisa do gênero[16]. Não me lembro mais exatamente o que, não penso que Vico o mencione.

CONTRA HANNAH ARENDT

O senhor está de acordo com Hannah Arendt quando ela afirma: "Vico, que é considerado por muitos como o pai da história moderna, não se teria voltado para a história nas condições modernas. Ele se teria voltado para a tecnologia, pois nossa tecnologia faz verdadeiramente aquilo que Vico pensava que a ação divina fazia no domínio da natureza e a ação humana no domínio da história"?

Que maravilhoso absurdo! Sem dúvida é exato que, se Vico vivesse hoje, ele teria prestado atenção à tecnologia, porque ela é um fator central na evolução de nossa civilização. Toda pessoa que se interesse hoje pela civilização é obrigada a levar em conta as mudanças tecnológicas. Uma das coisas mais corretas que Marx explicou foi a forte influência exercida pelos fatores tecnológicos sobre a forma como as pessoas vivem, como as pessoas pensam, em outras palavras, sobre sua cultura inteira. Certamente, Saint-Simon disse o mesmo antes dele, mas os marxistas tendem a passar por cima disso. Marx prestou atenção em Saint-Simon do mesmo modo que em Vico. Ninguém dúvida que Vico teria se interessado pela influência das mudanças tecnológicas em nossa cultura. Mas a idéia de que a tecnologia atual pudesse substituir seu interesse na história das múltiplas margens da atividade humana, do rico tecido do movimento

---

16. Nicolau de Cusa (1401-1464), o autor de *A Douta Ignorância* (1440).

histórico, é uma falta típica de compreensão da parte da famosa Hannah Arendt. Não tenho um grande respeito por essa senhora. Eu o reconheço. Muitas pessoas eminentes admiraram seus trabalhos. Para mim, isto não foi possível[17].

Por que?

Porque sim. Acho que ela não possui argumentos e nem consegue apresentar a prova de um pensamento sério nos planos filosófico ou histórico. É um amontoado de livres associações metafísicas. Ela vai de uma frase a outra dentro de uma relação lógica desprovida de ligações racionais ou imaginárias entre si.

O senhor leu algum de seus livros?

Sim, tentei ler vários de seus livros, porque certos amigos meus os elogiaram. O primeiro que eu percorri foi *As Origens do Totalitarismo*[18]. Acho que o que ela diz dos nazistas é justo, se bem que não é novidade; mas com respeito aos russos ela simplesmente se enganou. Em seguida li *A Condição do Homem Moderno*, que parece assentar-se sobre duas idéias, todas as duas falsas. A primeira é que os gregos não respeitavam o trabalho enquanto os judeus tinham muito respeito por ele. É exato que para Aristóteles os trabalhadores manuais, e menos ainda os escravos, não podiam constituir uma verdadeira *polis*, porque não tinham nem educação, nem o tempo livre, nem os largos horizontes do *Megolor Sychoi*. Eram muito dependentes, suas vidas e seus horizontes eram demasiado estreitos. Platão também não gostava muito do proletariado. Mas, fora eles, não existe uma doutrina sobre o trabalho entre os gregos. Havia sim um deus do Trabalho na Grécia, Ponos. Hércules é um semideus e, no entanto, não se abstém das formas mais

---

17. Nascida em Hanover em 1906, Hannah Arendt fugiu do nazismo em 1934 e se instalou nos Estados Unidos. Morreu em Nova York em 1975.
18. Publicado nos Estados Unidos em 1951. Três volumes traduzidos em francês de 1972 a 1982.

modestas do trabalho – limpa as estrebarias, estrangula as hidras. Ela observa que os trabalhadores da base da hierarquia não tinham o direito de voto. Sócrates realiza monumentos funerários. O grande Cleonte, o demagogo, era um curtidor. Agora, tomemos os judeus: para eles, o trabalho é uma maldição: em virtude da queda de Adão, "com o suor de tua fronte" viverás. O Talmud diz que o fato de serdes um trabalhador braçal não vos impede de ser um grande rabino. Assim, vós deveis honrar os grandes educadores que podem ser sapateiros ou marceneiros, mas não há mérito em trabalhar, pois é uma necessidade. Nos tempos antigos, se as pessoas não tivessem necessidade de trabalhar, a boa sorte estava ao lado delas. Não há nada contra os ricos enquanto tais. Os profetas hebreus não denunciam os ricos, mas somente as coisas perniciosas que os ricos e os poderosos podem cometer. A idéia de que devemos trabalhar, *Laborare estorare*, é uma doutrina cristã. Fichte, Schiller celebram o trabalho – como ato de criação –, o artista impondo sua personalidade à matéria bruta. O que isto tem a ver com Homero, Sófocles, Isaias, ou Rabi Akiva?[19]

Hannah Arendt é na verdade enormemente influenciada pelos pensadores alemães.

Ela não me parece influenciada por ninguém. Diz-se que foi fortemente influenciada por Heidegger e Jaspers. Mas eu ainda não descobri algo dela que pudesse me impressionar e me fazer refletir; alguma coisa suscetível de nos iluminar: Auden, Lowell, Mary McCarthy, que lhe emprestaram? Quando interroguei Auden e este respeito, permaneceu silencioso e mudou de assunto. Tudo isto é muito estranho.

O senhor leu seu livro A Tradição Oculta. *Ela está muito próxima do senhor no que diz respeito a Herder, por exemplo?*

---

19. Rabi que viveu na Palestina (50-135) adotou um método original de interpretação mística da Bíblia e uma classificação sistemática de Mishná.

Não, não li, mas o senhor me assusta quando diz que ela está próxima a mim.

Não a aprecia pelo fato de ela não ser sionista?

Não por isso. Porém, saiba que ela era sionista quando a encontrei pela primeira vez.

Quando a encontrou?

Em Nova York, em 1941, na casa de um de meus amigos, Kurt Bloomenfeld, o líder dos sionistas alemães. Naquela época ela trabalhava para uma organização que tentava tirar as crianças judias da Alemanha a fim de levá-las à Palestina. Era então cem por cento sionista. Quando a encontrei pela segunda vez, cerca de dez anos depois, ela se pôs a atacar Israel. Tinha, perfeitamente, sem dúvida, o direito de mudar de opinião – eu nada tinha contra isso. Foram seus escritos que me afastaram dela. Gershom Scholem[20] a conhecia bem. Ele travou uma polêmica com ela.

Foi o livro de Arendt Eichmann em Jerusalém*?*

Sim. Não estou preparado para engolir sua idéia da banalidade do mal. Para mim, trata-se de uma idéia errônea. Os nazistas não eram "banais". Eichmann acreditou profundamente no que fazia; isto estava, ele o reconheceu, entranhado em seu ser[21]. Perguntei a Scholem por que as pessoas admiravam Arendt. Respondeu-me que nenhum filósofo sério a admirava, que os únicos a apreciá-la eram os "literatos", somente os homens de letras, porque nada haviam lido de suas idéias. Para os norte-americanos, Arendt representa o pensamento do continente europeu. Mas, seja qual-

---

20. Gershom Scholem (1897-1982), grande especialista da Cabala, é o autor de: *As Grandes Correntes da Mística Judaica* (1941), Perspectiva (1974); de *Sabatai Tzvi* (1957), Perspectiva (1994); *As Origens da Cabala* (1966), *O Messianismo Judeu* (1974), assim como um livro de memórias, *De Berlim a Jerusalém*, Perspectiva (1990).

21. Eichmann foi enforcado em Israel em 1962. O livro de H. Arendt saiu na França em 1966.

quer homem, realmente cultivado ou pensador sério, não poderia suportá-la. Eis o que pensava Scholem, e ele a conhecia desde os anos 20.

SER JUDEU HOJE

O senhor se considera sionista?

Sim, certamente. Não me converteram ao sionismo. Desde estudante eu era sionista. Meus pais não o eram. Eu me deixei levar pelo sionismo como por algo de muito natural. Achava que era a coisa correta. Compreendi muito cedo que, em toda parte, os judeus constituíam uma minoria. Parecia-me que não existia um único judeu no mundo que não se encontrasse, em certa escala, socialmente constrangido. Todo judeu se sente constrangido, mesmo se é bem tratado, mesmo se está magnificamente "integrado" e se tem amigos por toda parte. Subsiste sempre um pequeno sentimento de insegurança pessoal. Não creio que exista um único país onde os judeus tenham um sentimento de total segurança. Onde não se coloquem a questão: "Qual o verdadeiro olhar dos outros sobre mim? O que pensam de mim?" O senhor deve sabê-lo, os iranianos não estão interessados no olhar que os turcos lançam sobre eles. Os chineses não se preocupam nada pelo que pensem deles os indianos. Goethe foi um grande poeta alemão. Escreveu sobre a vida, o amor, a dor, as idéias, o pensamento. Porque era alemão, foi um grande poeta alemão. Heine igualmente foi um poeta alemão, mas escreveu acima de tudo sobre o que representava ser um alemão. Isto se deve ao fato de que Heine não era plenamente aceito pelos alemães, e de que não se sentia muito a vontade por ser judeu. O fato o incomodava, e isso é típico do que quero dizer. Heine fala dos alemães e da Alemanha; o compositor Felix Mendelssohn comportou-se como um converso ao germanismo; foi ele quem relançou Bach e a música luterana alemã, Schumann e Brahms não sentiram a necessidade de recriar uma tradição alemã. Quanto a mim, achava que devia existir um lugar onde os judeus não fossem obrigados a ter consciência de sua própria existência, onde não sentissem necessidade de reconhecimento, para sublinhar sua contribuição à sua cultura de origem, onde viveriam simplesmente vidas normais, passando despercebidos. O objetivo do sionismo reside na normalização, criadora das condições graças às quais os judeus poderiam enquanto nação, viver como os outros.

Aleksandr Kojeve, o pensador hegeliano, me disse um dia: "Os judeus possuem a história mais interessante entre todos os povos. No entanto, querem ser uma outra Albânia! Como é possível?" Eu lhe respondi: "Para os judeus, parecer-se à Albânia constitui um progresso. Seiscentos mil judeus da Romênia foram vítimas – ovelhas conduzidas ao abatedouro – diante do nazismo. Eles tentaram fugir. Mas seiscentos mil judeus da Palestina não partiram porque Rommel estava à sua porta. Eis a diferença. Eles consideravam a Palestina como seu próprio país e se tivessem que morrer, morreriam não somente em seu país, mas por seu país". É isto que quero dizer. Não desejo que os judeus renunciem a viver lá onde vivem. Se eles não se consideram como uma minoria, é perfeito. Não há nada de mal em ser uma minoria. Alguns consideram as minorias como um elemento inquietante – T. S. Eliot, por exemplo, e os *integristas* franceses que o influenciaram. As minorias constituem amiúde um estímulo de qualidade para as maiorias, um levedo, um fermento. Mas não se deveria forçar ninguém a ser uma minoria. Se não queremos pertencer a uma minoria e se desejamos uma vida normal, só poderemos realizá-la plenamente num país cuja cultura é a nossa. Este caminho deve estar aberto.

O senhor considera que a fundação do Estado de Israel resolveu o problema judaico?

Para os judeus, enquanto indivíduos, não. Não resolveu o problema pessoal, mas o problema político sim. Os israelenses não têm problema existencial. Há certamente outros problemas com os quais se confrontam, e problemas sérios, mas eles se sentem inteiramente bem em sua pele.

É isso o que eu quero dizer. Eles pagaram o preço, mas o resultado parece valer a pena. Mesmo os judeus norte-americanos que apoiaram Israel se sentem menos estrangeiros nos Estados Unidos do que durante os anos 30. Da mesma maneira que os gregos têm a Grécia, os alemães a Alemanha, os judeus têm uma pátria na Palestina, em Jerusalém. Num plano psicológico, é uma pátria de substituição. Os judeus de origem polonesa não sentem suas raízes na Polônia. Se os judeus não possuem raízes geográficas reais, só de imaginar outras os tornou felizes, graças a este prodigioso ato de restauração psicológica: o fato de serem descolonizados.

O senhor não desejaria viver em Israel?

É muito tarde para mim, não falo muito bem o hebraico e depois estou muito velho para romper meu modo de vida atual. Quando vou à Israel, sinto-me inteiramente livre, não me sinto num país estrangeiro. Em Israel, não tenho especialmente o sentimento de ser judeu, na Inglaterra sim. Sabe, eu não me sinto nem orgulhoso nem envergonhado por ser judeu. Sou como sou, bom ou mal. Alguns têm cabelos castanhos, outros cabelos loiros, alguns são judeus como outros são gauleses. Para mim, ser judeu, é ter duas mãos, dois pés, em suma, ser um homem normal. Israel é um país onde eu tenho uma afinidade natural com os habitantes. Mas permaneço fiel para com a Inglaterra, Oxford, o liberalismo, Israel e para com numerosas outras instituições com as quais me identifico.

O que pensa o senhor dos problemas que Israel enfrenta?

No plano político há vários problemas graves e acho que o governo atual cometeu erros terríveis. Não sou um defensor do sr. Shamir, do sr. Sharon ou do sr. Begin. Creio que fizeram um mal incrível a Israel nos planos cultural, moral, político e material.

O senhor acha possível um acordo com os palestinos?

7. Aleksandr Herzen (1812-1870). "Foi ele quem transmitiu realmente o gosto que tenho pela história das idéias sociais e políticas."

8. Ivan Turguiêniev, aos 60 anos (por volta de 1878). Berlin ficou apaixonado por seu romance *Pais e Filhos* e traduziu *Primeiro Amor*, assim como uma peça e uma novela. Desenho de Pauline Viardot.

Oh, com certeza. Veja o senhor, eu compreendo os israelenses com seu medo e mesmo seu horror ao terrorismo. Mas estão errados aqueles que dizem: "Não fale com os árabes, eles todos são nossos inimigos e nos odeiam". Eu os compreendo, porém estão errados. Compreender as pessoas às quais nós nos opomos é algo que Herder nos ensinou.

HERDER E A VISÃO DA SOCIEDADE

O senhor encontra uma semelhança surpreendente entre os pontos de vista de Vico e os de Herder mesmo se afirma, em seu ensaio sobre Herder e o Iluminismo[22], *que Herder leu* A Ciência Nova *de Vico pelo menos vinte anos após ter a sua própria teoria da história tomado forma.*

Existem diferentes hipóteses sobre o liame entre eles. Eu não os acho inteiramente convincentes. Houve Cesarrotti, que leu Vico e escreveu comentários sobre Ossian e Homero. Herder teria podido assim dispor das idéias de Vico sobre Homero, por exemplo, e o que isso implica em Cesarrotti, do qual ele fala. Eis uma hipótese emitida, por exemplo, pelo professor Clark, do Texas. Depois descobri um italiano chamado conde Calepio, que conhecia certamente as idéias de Vico. Ele se correspondia com o homem de letras suíço Jakob Bodmer, que escrevia sobre as sagas e lendas populares alemãs[23]. Bodmer, Breitinger, e outros reavivaram o interesse pela *Canção dos Nibelungos* e, de uma maneira geral, pela poesia medieval. Estudavam as canções primitivas e a literatura que eram consideradas, até então, como um modo de expressão cultural bárbara. Aqui eis ainda um ponto possível entre Vico e Herder. E depois tivemos o bispo Lowth, professor de hebraico em Oxford. Para ele, o Antigo Testamento representava o poema épico

---

22. "Herder and the Enlightenment" (1965), reimpresso em *Vico and Herder*.
23. *Collection des Minnesänger*, 1758-1759.

do povo da Judéia. Uma idéia nova, que retomou Herder. Mas a relação entre Vico e Herder jamais foi convenientemente estabelecida. Herder faz menção a Vico, pela primeira vez, como o senhor o dizia, vinte anos após ter formulado suas próprias idéias sobre a história e, sob uma forma verdadeiramente completa, em 1773 e mesmo anteriormente. Alguns anos antes de Goethe enviar um exemplar de *A Ciência Nova* a Jacobi. Assim, se houve uma influência, ela não foi direta – tanto quanto possível manifestou-se por meio de intermediários. Em todo caso, os conceitos de influência são sempre muito difíceis de delinear. Mas as semelhanças de pontos de vista são, no caso que nos interessa, bastante surpreendentes.

O senhor considera que "a visão da sociedade de Herder dominou o pensamento ocidental, mas (que) o grau desta influência não foi sempre reconhecido, porque entrou de maneira muito profunda na estrutura da reflexão comum". Será esta a principal razão pela qual Herder é ignorado pelo pensamento contemporâneo?

Eu o creio. Ele é ora ignorado, ora atacado. É comumente conhecido como o pai do nacionalismo alemão. Sendo assim é considerado por um punhado de antinacionalistas como tendo antecipado a Fichte, Hegel, Bismarck, o Kaiser e finalmente o nazismo. Mas Herder é na realidade a primeira pessoa a insistir no fato de que a necessidade de pertencer a uma comunidade é uma necessidade básica, tão poderosa quanto aquela de comer, beber e tantas outras necessidades humanas; assim sendo, era profundamente antiimperialista e antinaturalista. Alguns filósofos identificam certas demandas psicológicas básicas; outrora não eram percebidas claramente, só foram descritas e formuladas mais tarde tornando-se, desta forma, temas de discussão. Por exemplo, pode-se dizer que Hegel identificou a necessidade humana de reconhecimento: "Eu quero que reconheçam meu *status*, minhas necessidades, meu caráter enquanto entidade individual, independente". Eu não quero que se comportem a meu respeito como se eu fosse dependente, escravo. Eu reivindico os direitos que vocês reivindicam para si mesmos. O senhor percebe, o reconhecimento é algo que as pessoas reclamam de modo claro. Sem dúvida, se o senhor houvesse interrogado os gregos ou os romanos, eles teriam podido, se o senhor tivesse utilizado expressões apropriadas, compreender o que pretendia dizer. Mas ninguém formulou isto numa linguagem mais clara do que a empregada por Hegel. Acontece o mesmo no caso de Herder; sempre se soube que as pessoas pertencem a tribos e que não são felizes no exílio. Este não é precisamente um fenômeno novo. Mas Herder ao que eu saiba, foi a primeira pessoa a dizer que a pertinência a uma comunidade constituía uma necessidade essencial. Talvez tenha insistido em demasia a este respeito, como é freqüentemente o caso dos descobridores. Mas compreendeu esta necessidade básica. Segundo ele, "pertencer" significa que as pessoas compreendem aquilo que você diz, que você não tem necessidade de se lançar em explicações, que seus gestos, suas palavras, tudo isso que entra na comunicação, é compreendido, sem a mediação de membros de sua sociedade.

Um dia, eu me lembro, um de meus amigos originário dos Bálcãs e que vivia na Inglaterra há quarenta anos, me disse: "A solidão não se manifesta quando você vive longe dos outros. Ela se manifesta quando as pessoas não compreendem o que você diz". Esta observação é de uma grande perspicácia. É claro, as pessoas compreendem até certo grau outras pessoas pertencentes a lugares ou a épocas longínquas: mas não da maneira direta e instintiva como a das pessoas que vivem juntas comunicando-se normalmente entre elas. É por isso que Herder acha que a língua, os hábitos, os gestos, as reações instintivas são os elementos que criam a unidade e a solidariedade – os pontos de vista, as culturas, as diferentes entidades sociais.

O modo pelo qual os portugueses comem, bebem, andam, falam, se levantam, suas leis, suas religiões, sua língua, tudo aquilo a que chamamos de tipicamente português possui um certo estilo, uma essência portuguesa, que não se aplica ao comportamento alemão. Pode acontecer de a concepção portuguesa da lei e da história e a concepção alemã destas noções terem um ar de semelhança, mas elas permanecem no fundo diferentes. Quaisquer que sejam suas similitudes, os portugueses não se sentem totalmente em casa na Alemanha: a nostalgia, as saudades da pátria são tenazes. A idéia do que faz progredir as famílias, os ambientes, as sociedades, as nacionalidades é profundamente influenciada por Herder. Isto explica por exemplo a influência, direta ou indireta, exercida por Herder sobre os judeus e os eslavos do norte; ele exprimiu, com efeito, claramente, o sentido de sua identidade à qual, entre os teóricos anteriores, somente Vico e Montesquieu haviam dado ênfase.

A História das Idéias: Uma Disciplina Solitária

Falando em solidão, o senhor se considera um filósofo solitário?

Enquanto filósofo, não era solitário. Quando ensinava filosofia em Oxford, era membro de um grupo de filósofos, nós falávamos todos a mesma linguagem, discutíamos os mesmos assuntos, eu fazia parte verdadeiramente de um movimento. É claro, eu era crítico, de uma certa maneira, de sua propensão positivista, mas pertencia a ele. Depois meus centros de interesse modificaram-se. A história das idéias não está muito em moda na vida universitária britânica. De fato, acabei ficando um pouco isolado. Não há muitas pessoas com quem eu possa falar. Não é um tema que interesse muito aos ingleses. Talvez isso não represente senão pouco atrativo pelas pessoas que consideram suas idéias como dotadas de um alcance universal, daí por que não se esforçam por compreender sua história. Os franceses, sem nenhuma dúvida, acham que as idéias francesas são de uma importância universal; a cultura francesa é assimilada *à* Cultura. Não existe outra tão autêntica, tão universal; as pessoas que não foram esclarecidas por ela eram verdadeiramente infelizes. No entanto, existem histórias das idéias francesas, em particular das idéias políticas e sociais, livros que se intitulam *De Jean Bodin a Montesquieu, De Montesquieu a Rousseau, De Rousseau a Saint-Simon*, e assim por diante até Léon Bourgeois, Jaurès e Sartre. Tomemos, por exemplo, o ambiente do século XIX e suponhamos que o senhor é um peruano ou um hindu culto. Ser culto, subentendia que o senhor devia, ao menos, ter ouvido falar de (não necessariamente lido) Adam Smith, talvez não de Bentham, se bem que isto soaria bem. Certamente de John Stuart Mill, Burke, Carlyle, Darwin, Spencer e até Ruskin eram considerados como pensadores maiores. A contribuição dos ingleses às idéias dominantes do século XIX foi capital, qualquer que tenha sido sua aceitação ou rejeição. Se tomarmos agora os alemães, nosso peruano devia ter ouvido falar de Hegel, Marx e Nietzsche, provavelmente de Schopenhauer. Para os franceses, de Rousseau, Michelet, Taine talvez, mas obrigatoriamente de Renan.

Entretanto, ao que eu saiba, não existe um só livro conhecido sobre a história do pensamento inglês. É certo, há um ou dois livros sobre a filosofia inglesa no sentido técnico do termo. Mas sobre a história das idéias gerais de Bacon a Hobbes, e de Locke a Burke e Hume, de Hume a Mill e – continuando – até Newman, Tawney ou Roussel, sobre os liames entre eles, ou sobre a ausência de liames, nada. Sem dúvida um livro obscuro, publicado não sei quando e a qual ninguém se refere. Não digo que a história das idéias de um dado país, de um pensador a outro pensador, seja necessariamente um bom livro a ser escrito: tais livros, de hábito, deslizam sobre as idéias individuais, sem dar muita atenção à significação essencial de uma ou outra dentre elas – não é útil ler a história escrita por Kuno Fischer sobre os pensadores alemães de Kant a Fichte, Schelling e Hegel. Assim mesmo é significativo que os alemães tenham aquilo que chamam *Geistesgeschichte*, *Ideengeschichte*, e assim por diante; também no caso dos franceses; as universidades norte-americanas possuem cadeiras de História Intelectual Americana. Mas, na Inglaterra, penso que não haja mais de dois ou três especialistas que trabalham nesse domínio. Por esta razão, me sinto um pouco isolado. Nada se pode fazer. Dou o melhor de mim num canto da história negligenciado em meu país. Eis aí, eu o temo, uma longa resposta para uma pequena questão!

TERCEIRA ENTREVISTA
IDÉIAS POLÍTICAS À PROVA DO TEMPO

SOB ENCOMENDA...

RAMIN JAHANBEGLOO – *Numa ocasião o senhor comparou-se a um alfaiate que não trabalha se não houver encomendas. Mas eu não creio que seus ensaios sejam o resultado do puro acaso. O senhor se sente muito próximo dos pensadores sobre os quais escreve?*

ISAIAH BERLIN – Não, não são o produto do puro acaso. Eu não faço tudo aquilo que me pedem que faça. Recuso muito mais pedidos do que os aceito. Pergunto-me como vim a trabalhar sobre Vico e Herder. No que concerne a Vico, o Instituto Italiano de Londres solicitou-me dizer algo sobre ele. Conhecia o diretor do instituto, que me propôs fazer uma conferência sobre um tema italiano. Adoro a Itália e os italianos. Disse a mim mesmo: "Por que não?" Mas os italianos não têm muitos pensadores de primeira categoria – quem, além de Maquiavel, Vico e Croce? Marsílio de Pádua? Pomponazzi? Pareto? Ao lado de Leibniz? Kant? Wittgenstein? Foi assim que escolhi Vico, um pensador profundamente original, cujo gênio foi plenamente apreciado muito tempo depois de sua época.

O senhor considera Dante um pensador?

Eu não sou muito entendido em filosofia religiosa, mas *De Monarchia* é um importante tratado político. Nesse nível, Marsílio de Pádua é igualmente um pensador importante. O mesmo se dá com Beccaria[1]. Houve pensadores italianos durante o período das luzes e no século XVIII. Entretanto, no que diz respeito à filosofia propriamente dita, Vico é o filósofo mais original que os italianos produziram. Michelet e Sorel o saudaram como um gênio, o que me levou a empreender a leitura de Vico; como seria de esperar, fiquei fascinado; por isso achei que poderia falar algo sobre ele. Foi assim que tiveram início minhas conferências em Oxford. Creio que a primeira publicação de meu trabalho foi realizada originalmente em italiano, em Roma, e em seguida ele foi impresso em inglês. O mesmo aconteceu no caso de Herder. Pediram-me para proferir uma conferência na Universidade Johns Hopkins, de Baltimore. Desejavam qualquer coisa tratando da filosofia da história. Havia lido Herder, pois na época me interessava pelas origens do nacionalismo na Europa. Foi assim que tudo isso se desenca-

---

1. Marsílio de Pádua (*c.* 1275-*c.* 1343) é o autor de *Defensor da Paz* (1324), composto em favor do imperador Luiz IV da Baviera, então em conflito com o papa João XXII, o que valeu a Marsílio sua excomunhão.

Pietro Pomponazzi (1462-1525), neo-aristotélico da Escola de Pádua, professor de filosofia, pôs notadamente em dúvida a imortalidade da alma (*Tractatus de Immortalitate Animae*).

Cesare de Beccaria (1738-1794) renovou o direito penal (*Dos Delitos e das Penas*, 1764) e foi, além disso, um dos primeiros economistas a analisar o papel do capital e da divisão de trabalho.

Vilfredo Pareto (1848-1923) é o autor de vários *Manuais e Tratados de Economia Política e de Sociologia* (ocupou a cadeira de sociologia em Lausanne desde 1912).

9. Leão Chéstov (1866-1938) "Um espírito livre e um escritor maravilhoso... Cada vez que presenteio livros de Chéstov a alguém, esta pessoa fica encantada..."

deou. O ponto de partida era sempre uma conferência ou um artigo sob encomenda.

A HUMILHAÇÃO DOS ALEMÃES

Em seu ensaio sobre Herder, o senhor o descreve como "um campeão precoce e apaixonado da variedade" e "um dos primeiros opositores da uniformidade". O senhor pode esclarecer esta idéia?

Vou tentar. A idéia central da doutrina de Herder é a grande diversidade das tradições nacionais e culturais. Ele não é um nacionalista, mesmo que o tenham acusado de nacionalismo – também o adularam por isso. É um erro. Quando diz *nazional* e *Nationalgeist,* deve-se entender cultura nacional. Trata-se de fato de uma reação à atitude condescendente dos franceses em relação aos alemães. A meu ver, o movimento romântico que começa na Alemanha foi influenciado pela humilhação sistemática infligida aos alemães, a visão "de cima para baixo" que se tinha deles em Paris. Tenho a este respeito uma espécie de "idéia fixa", que poderia mostrar-se inexata como a maioria das idéias fixas. Minha opinião é de que os alemães não conheceram uma verdadeira Renascença. Não acho que se encontraria isso nos livros de historiadores alemães, mas creio que é verdadeiro. Vou dar um exemplo do que quero lhe dizer. Se tivesse atravessado a Europa em 1500, digamos de Lion a Viena, o senhor teria encontrado esta Renascença na França, onde existia um altíssimo nível de cultura mesmo nas províncias meridionais. Viviam nesta época, na França, poetas e pintores magníficos. Na Alemanha encontraria Dürer, Grünewald, e outros pintores excelentes. E eruditos extraordinários, como um Reuchlin[2] etc. Imagine agora que

---

2. Johannes Reuchlin (1455-1522): grande helenista e fundador dos estudos hebraicos na Alemanha. Este humanista foi acusado de heresia pelos dominicanos de Colônia por haver afirmado o interesse do Talmud e da Cabala.

realizasse esta viagem por volta de 1600. Na França, a
Plêiade, os libertinos[3], a lembrança ainda recente de Montaigne e de Rabelais. Nos Países-Baixos, pintores extremamente geniais. Na Inglaterra teria Shakespeare, Marlowe,
Bacon. Na Espanha, Cervantes, El Greco, Velazquez, Lope
de Vega. Na Itália excelentes pintores, os maneiristas[4], Galileu, Torricelli. Além disso, as coisas apaixonantes na Suécia e na Polônia. E o que acontecia então em Viena ou na
Alemanha? Absolutamente nada. Um pensador original:
Kepler em Munique. Quem tinha naquela época ouvido falar dele? Jakob Boehme, o sapateiro da Silésia? O primeiro
alemão foi Heinrich Schütz, o compositor superdotado. A
verdadeira gênese aconteceu com Leibniz, no fim do século
XVII. No intervalo? Simplicíssimus[5]. Como de hábito, a
razão que vingou como a melhor é a Guerra dos 30 Anos.
Mas os italianos foram igualmente esmagados pelos franceses e, não obstante, a cultura italiana continuou. As derrotas não detêm necessariamente as culturas. Sem dúvida
havia poetas na Alemanha, mas a Alemanha não era neste
período uma grande nação como a Inglaterra ou a Itália.

*Que papel, segundo senhor, desempenhou a Reforma
na gênese da cultura alemã?*

Eu me questiono a este respeito. Não sou um historiador, mas tenho a impressão de que ela contribuiu para abortar a Renascença na Alemanha. Observa-se um grande movimento ascendente entre os alemães nos anos de 1470 a
1510; porém, em 1580? Em 1600? Althusius? Kepler?
Boehme? Não se trata de um movimento cultural. Se lhe

---

3. Homens como Gassendi ou Théophile de Viau que manifestavam sua independência de espírito em relação aos ensinamentos do cristianismo.

4. O Parmesano, Pontormo, Bronzino, Celline etc.

5. Johannes Kepler (1571-1630); Jakob Boehme (1575-1625); Heinrich Schütz (1585-1672); Gottfried Wilhelm Leibniz (1646-1716). *Simplicius Simplicissimus* é um célebre personagem do romancista Hans Jakob Grimmelshausen (c. 1620-1676), tal como a da vadia Coragem que inspirará Brecht (*Mãe Coragem*, 1941).

perguntar qual foi a origem da Renascimento em Florença, o senhor me dará razões. Dirá: era uma cidade florescente, com um comércio desenvolvido, observava-se nela um declínio da religião, estudava-se aí há séculos. Mas, mesmo se tudo isso fosse de seu conhecimento em 1350, não estaria em condições de prever a grande Renascença italiana do século XV. As explicações históricas elucidam certas coisas, traçam certos contornos de possibilidades, de potencialidades, mas não podem permitir uma previsão tomando de empréstimo um modelo histórico qualquer; elas não assumem a forma, primeiramente de A, depois de B, depois de C, como em Karl Marx ou Hegel. Eu não conheço a causa do declínio cultural alemão. Talvez seja a Reforma. Mas os Países-Baixos conheceram igualmente uma Reforma; todavia com um gênio artístico poderoso, juristas, os discípulos de Erasmo. É um pouco misterioso, mesmo a Polônia foi neste período mais produtiva, por exemplo, na poesia latina. Sem falar da Espanha, da França, da Inglaterra – uma incrível floração. Daí eu pensar que a humilhação dos alemães, devido ao orgulho e ao poderio da França, é um fator importante. O resultado da hegemonia cultural de outros países é habitualmente o mesmo. Primeiro as pessoas se sentem inferiores, em seguida começam a imitar a nação dominante, depois se revoltam contra esta imitação e se perguntam por que seria preciso imitar ou arremedar os outros; desejam ter sua própria cultura. É o que se passa hoje em dia na África.

A primeira reação alemã verdadeira e poderosa contra a cultura francesa foi o pietismo, um profundo movimento espiritual. Com efeito, os pietistas dizem: "Deixemos os franceses de posse de sua pintura, de sua música, de sua arquitetura, de seus abades em colóquio com as nobres damas nos salões. Tudo isso é impuro, sem valor e mesmo desprezível. A única coisa que realmente conta é a alma, nossa relação com Deus e com nós mesmos, nada mais importa. O espírito interior, as profundezas da alma de cada indivíduo, *Innerlichkeit*, eis a única coisa real: as cerimônias, o estudo, a hierarquia, nada disto conta. "Por isso os pietistas rejeitam a disciplina eclesiástica. Segue-se um profundo movimento religioso que molda Bach, Kant e Herder. A maioria dos mestres-escola e dos professores desta época foi influenciada pelo pietismo e pela busca da *Innerlichkeit*, a vida interior – sob a forma religiosa e em seguida profana. Herder é um produto típico desta visão, notadamente quando afirma que cada civilização possui seu espírito próprio, único, individual – seu *Volksgeist* – de onde tudo decorre, que cria e compreende aquilo que é criado[6].

HERDER, NACIONALISMO, SIONISMO

Fala-se de Herder como de um pensador nacionalista, porém, segundo o senhor, seu nacionalismo não é político. Considera a concepção de Herder, de uma boa sociedade, como mais próxima do anarquismo de um Thoreau ou de um Proudhon do que dos ideais de Fichte, Hegel ou dos socialistas políticos?

Não, ele é um populista democrata e antiimperialista, um precursor dos populistas radicais da Rússia e da Europa central. Herder rejeita apaixonadamente a eficácia da conquista. Rejeita a idéia da superioridade de uma nação sobre a outra. A proposição segundo a qual "minha nação é superior à sua", que é a origem do nacionalismo agressivo, é para Herder falsa. Toda nação tem pleno direito a seu próprio desenvolvimento individual. Demonstrava otimismo acreditando que todas as flores do jardim humano podiam brotar de maneira harmoniosa, que as culturas podiam estimular-se umas às outras e contribuir para uma harmonia criadora. Não foi assim que historicamente isso se passou. Mas Herder é um otimista e idealista incurável. Não se encontra em Herder o nacionalismo político, porque este

---

6. É o teólogo protestante de origem alsaciana Philipp Jakob Spener (1635-1705) quem dá impulso a este movimento, nascido da esclerose do luteranismo após os tratados de Westfália (1648). A introdução do pietismo nas universidades alemãs no fim do século XVII se fez sob a influência de A. H. Francke.

conduz inevitavelmente à agressão, alimenta o orgulho nacional, aos quais se opunha. Entre os seus vilões, encontrava-se Alexandre, o Grande, Júlio César e os romanos em geral, que esmagaram outras civilizações, por exemplo, na Ásia Menor. Somente os judeus sobreviveram, não se sabe muito de que maneira. Ele acreditava na paz, contrariamente a Proudhon, que amava a guerra. Entretanto, o senhor tem razão, porque Herder se sente próximo das pessoas que crêem na delegação. É contra todas as formas de centralização; é a razão pela qual odiava o Império Austro-Húngaro que havia reagrupado de maneira artificial nações dissemelhantes, desiguais. Opunha-se a Frederico, o Grande, porque este último enviara oficiais franceses para reformar a economia da Prússia Oriental; estes franceses revelaram certo desprezo por aqueles que consideravam como uma população prussiana primitiva, o que provocou uma reação antifrancesa, particularmente na Prússia Oriental. Herder é a vítima, em especial, desta francofobia.

Falando de nacionalismo, penso que, para o senhor, o nacionalismo seria uma ideologia na qual se encontra uma semelhança entre a vida de uma sociedade e a de um organismo biológico?

Não, eu faço questão de rejeitar esta metáfora. Comparações deste tipo entre indivíduos e grupos podem conduzir a erros terríveis. Em particular, as metáforas biológicas têm conduzido a formas irracionais e brutais de nacionalismo e de intolerância. Existe, é claro, qualquer coisa como o crescimento e o desenvolvimento de uma nação, de uma sociedade, mas isto não é senão uma metáfora. As nações com certeza não são organismos biológicos, sua estrutura é de natureza muito diferente, exterior, histórica, psicológica.

O senhor fala igualmente da ferida infligida no sentimento coletivo de uma sociedade como de uma condição necessária ao nascimento do nacionalismo.

Bem, isto é também uma metáfora. Ferida significa humilhação, conseqüência seja de uma conquista militar seja de uma injustiça ou de uma opressão qualquer. Quando uma nação ou um grupo sofre uma humilhação de um outro, isso termina de hábito no que denomino de fenômeno da "vareta dobrada". Se uma vareta está dobrada não pode rebater. Penso que mesmo as metáforas biológicas utilizadas por Hegel podem conduzir a conseqüências terríveis.

O Volksgeist *de Hegel, por exemplo?*

Não, o *Volksgeist* é inocente e exprime um conceito importante. Esta palavra foi inventada por Herder. Veja, para ele, uma nação não é um Estado mas uma entidade cultural de pessoas que falam a mesma língua, vivem sobre o mesmo solo e possuem os mesmos hábitos, um passado comunitário, lembranças em comum. Herder nada diz do sangue, nem da continuidade biológica ou de não importa qual fator genético. Fundamentalmente, ele se opunha a todas as idéias raciais.

Mas o que faz com que o senhor diga que o nacionalismo continua vivo no pensamento europeu de hoje?

Oh, mas é um dos movimentos mais poderosos do mundo contemporâneo. Entre os numerosos prognósticos dos profetas do século XIX não figurava o crescimento do sentimento nacional. Eles o viam em declínio e pensavam que após a destruição de enormes impérios como o Império Austro-Húngaro, o Império Russo, e mesmo os impérios inglês e francês, os povos que os constituíam desenvolveriam pacificamente seus próprios governos nacionais. Mazzini[7] foi de alguma forma um discípulo de Herder. Ele não falava de raças, não sei se jamais Mazzini leu Herder, que não estava, ao que eu saiba, traduzido para o italiano, mas com certeza estava traduzido para o francês por Edgar Quinet. Como eu lhe dizia, o nacionalismo não é senão uma reação à humilhação e as nações dominantes não têm ne-

---

7. Giuseppe Mazzini, revolucionário italiano (1805-1872). Nascido em Gênova, foi expulso da Itália em 1831 por causa de suas idéias; começou então uma longa carreira de exilado na Suíça, na França e na Inglaterra.

cessidade disto. O nacionalismo é uma reação a ferimentos. Tomemos o exemplo da Inglaterra. Ela não foi invadida ou não sofreu derrota importante por oitocentos anos. Desta forma, quando o nacionalismo inglês fez sua estréia com o império, não foi muito forte. Mas, à medida que existe algo como o chauvinismo inglês, ele é o resultado do enfraquecimento das fronteiras do império que conduziu à perda do mesmo. Na França, o nacionalismo foi o produto puro da derrota de 1870. O nacionalismo francês aparece em meados do século e torna-se agudo nos anos de 1870-1880, com Barrès, Maurras e depois a Action Française. O caso Dreyfus é o resultado tardio da humilhação da guerra franco-prussiana. Sob Luís-Felipe observa-se um orgulho nacional mas não realmente uma forma de nacionalismo. Quando um francês de 1789 dizia: "Eu sou um bom patriota", isto não queria dizer: "Eu sou membro da nação francesa", porém: "Eu creio na liberdade, na igualdade e na fraternidade, nobre doutrina de meu país revolucionário". Isto significa: "Eu sou a favor das maravilhosas idéias libertárias proclamadas pelo meu país", e não "Eu tenho orgulho de meu sangue ou de minha raça francesa".

Que pensa o senhor do nacionalismo contido na doutrina de um filósofo como Fichte?

Bem, no que concerne a Fichte, não estou seguro. Sem dúvida ele fala da nação alemã, e há mais nacionalismo em Fichte do que na França de sua época. É o pai do romantismo político, e é do romantismo que se originou o nacionalismo.

O senhor não considera que o nacionalismo representa um perigo para a democracia no mundo atual?

Certamente. É um perigo para tudo. O nacionalismo significa simplesmente que dizemos a nós mesmos que ninguém é tão bom quanto nós, que temos o direito de fazer certas coisas porque somos alemães ou franceses; significa, portanto, que temos o direito de fazer isto ou aquilo em nome da nação. Desde que se invoque uma autoridade impessoal infalível como a nação ou o partido ou a classe, o caminho para a opressão está aberto.

O senhor acha que o sionismo seja também um sentimento nacionalista?

Sim, naturalmente. O sionismo atual, infelizmente, se desenvolveu numa fase nacionalista. As origens do sionismo foram muito civilizadas e herderianas. Os judeus desejavam simplesmente um modo de vida que fosse judaico, não necessariamente dominado pela religião, mas como comunidade ligada por múltiplos laços seculares. Os judeus queriam um quadro onde pudessem se desenvolver livremente enquanto comunidade, sem medo de perseguição ou de discriminação. Foi assim que o sionismo deslanchou. O que Theodor Herzl procurava antes de tudo, ao fundar o movimento sionista, era qualquer coisa que se parecesse à Terceira República francesa, isto é, uma democracia burguesa. Ele não queria ir além disto. Se ler seu livro *Judenstaat* (*O Estado Judeu*),verá que ele fala de uma constituição similar àquela de uma democracia burguesa européia. Na certa, o senhor me dirá que Herzl era por temperamento um nacionalista romântico, com uma missão messiânica, mas sua doutrina era liberal. Neste sentido, o meu amigo, o doutor Weizmann, que foi o primeiro chefe de Estado de Israel, não era um nacionalista. Pode-se ser patriota sem ser nacionalista.

Voltaremos a Weizmann mais tarde. Podemos continuar a falar de Herder? O senhor o considera como o primeiro pensador anticolonialista e antiimperialista. Na verdade,o senhor encontra uma real afinidade entre Karl Marx e ele.

Unicamente sob este ângulo. De fato, não creio que Herder seja o primeiro pensador anticolonialista da história. Existia na França uma Sociedade dos Amigos dos Negros[8]. Bom,

---

8. Fundada por Brissot em 1788, sua finalidade era a de preparar a libertação dos negros. Teve o apoio de homens como Condorcet e o abade Grégoire.

trata-se de uma missão humanitária, mas de natureza diferente para Herder e para Marx. Para Marx, os habitantes das colônias não-européias não eram realmente seres humanos adultos: eram vítimas do imperialismo capitalista. Não pensava neles somente como homens cujos movimentos nacionalistas seriam úteis à revolução. Mas, até onde posso saber, ele nunca imaginou que teriam seus Estados, repúblicas, parlamentos etc. Herder, por sua vez, acreditava em nações liberadas e independentes. Acreditava que as nações coloniais seriam capazes de criar suas próprias identidades culturais. Porém, para Marx, a cultura é ocidental. Não é evidente que Marx tenha podido imaginar qualquer outra cultura exterior ao ocidente – a China estava mais afastada de seu espírito do que do de Voltaire.

Por que o senhor acha que Herder estava tão fascinado pela sobrevivência dos judeus?

De um lado, pelo fato de ser pastor e conhecer o hebreu e a poesia hebraica. Uma de suas primeiras obras trata da poesia hebraica. Em segundo lugar, porque se interessava pela expressão pessoal dos grupos nacionais antes que a centralização esmagasse as culturas individuais, como foi praticada pela Macedônia, pela Síria, por Roma, pelos hunos, godos e vândalos. Para Herder, os judeus são típicos de uma cultura natural, notavelmente fértil, que sobreviveu. É a razão pela qual, nos diz ele, devemos compreender como estes homens da Judéia viviam, o que sentiam, o que pensavam, compreender a Bíblia, que foi sua epopéia nacional. Se não se viu os rudes marinheiros lutarem contra a tempestade no mar, não se pode compreender a poesia primitiva escandinava e finlandesa, que ele julgava magnífica[9]. É por isso que Herder se interessa pelos judeus e deseja que cada pequena entidade cultural sobreviva, se desenvolva e não seja esmagada. Para Herder, se recuperarmos

---

9. *Silvas Críticas* (1769), *Canções de Todos os Povos* (1778-1779), Herder participou do início do célebre movimento literário *Sturm und Drang* (Tempestade e Impulso) da Alemanha dos anos de 1770-1790).

os grãos que foram enterrados com as múmias nos sarcófagos egípcios e os retornarmos à terra, três mil anos mais tarde, eles darão flores; se reimplantarmos os judeus na Palestina, teremos novamente uma nação. Isso não exprime uma simpatia particular pelos judeus alemães, como Mendelssohn, que acreditava numa forma de integração, mas é a crença na própria contribuição dos judeus, que não poderão contribuir com ela se forem absorvidos pelas outras culturas. Os judeus alemães eram, eu suponho, ofuscados por Herder.

E, no entanto, Herder censura os judeus por não preservarem um senso suficiente de honra coletivo.

Sim, ele censura os judeus por não retornarem à Palestina.

Por que o senhor considera Herder um empírico?

Bem, era um pastor cristão e acreditava, portanto, na doutrina cristã, que não é empírica. Mas, quando se interessa pela história, crê pura e simplesmente na observação minuciosa. Desejava apenas entender no que os povos se assemelhavam; daí por que, ele estava convencido, cumpre aprender suas línguas e ler seus livros, penetrar em seus temores, suas esperanças, suas imagens, suas visões coletivas. É uma forma de empirismo. Não é um *a priori* como em Hegel. O senhor se lembra que Hegel sabia *a priori* que cada nação contribui com sua pedra para a cultura somente uma única vez, depois sai de cena. Ora, ele estava errado em relação à China e provavelmente também à India.

Para Herder, cada grupo tem o direito de achar a felicidade seguindo seu próprio caminho; por isso ele acha que há uma enorme arrogância em afirmar que todo mundo deveria tornar-se europeu. O senhor está de acordo com Herder neste ponto?

Sim, por que não? Enquanto não lutam entre si e não são agressivos, por que não permitir às pessoas desenvolverem sua cultura própria seguindo seu próprio caminho? To-

10. Leão Tolstói. Em seu gabinete de trabalho em Iasnaia Poliana, em 1908, dois anos antes de sua morte. Tinha 80 anos.

memos o problema negro na América: para os negros, a integração e a autonomia são problemas terríveis. O mesmo acontece para os negros na Inglaterra. O que eu quero dizer é que, na teoria, nós deveríamos ter sociedades multiculturais vivendo em paz; mas não é algo que se realize facilmente.

O senhor considera também que existe uma enorme arrogância em afirmar que, no mundo atual, cada um deveria tornar-se moderno?

Veja, isto não dever ser assim mas, se as pessoas querem se proteger da exploração, precisam desenvolver uma sólida base econômica que lhes seja própria. Não penso que a tecnologia seja algo que as pessoas tenham necessidade em cada fase de sua história. Todavia, aquilo que se pode fazer, é preciso fazê-lo. Se você pode produzir alimentos mais baratos, é necessário produzi-los. A idéia de retroceder os ponteiros do pêndulo tem sido sempre uma fonte de desastre. Por exemplo, tome Bakúnin que queria suprimir as universidades. Pensava, na verdade, que a educação tornava os estudantes na universidade muito arrogantes, e ele queria a igualdade total. Não queria que alguém pudesse desprezar os trabalhadores e os camponeses. Daí sua idéia de suprimir as instituições favorecendo a desigualdade intelectual. Herzen, mais inteligente do que Bakúnin, dizia: "Não se pode deter o progresso intelectual. Não são as armas que criam os desgastes, são os seres humanos". Veja, não se pode parar a marcha do espírito, tudo o que se pode fazer é impedir que ela se desvie. Mas a idéia de brecar a sociedade corrompida e de purificá-la totalmente antes de ir adiante é a mesma dos estudantes em 1968. Eles queriam primeiramente eliminar todas as formas de perversão – destruir o mundo antigo – e em seguida avançar. Isto não é nem possível nem desejável. A utopia só acaba em amargura e na frustração.

O RELATIVISMO NO SÉCULO XVIII

O senhor compartilha do relativismo de Herder?

Não penso que ele tenha sido relativista. Não creio que o século XVIII haja conhecido relativistas. Escrevi um texto sobre a ausência do relativismo no século XVIII.

No entanto, em seu ensaio sobre Montesquieu, o senhor fala dele como de um relativista.

Eu me enganei. Ele diz, com efeito, que os persas fazem uma coisa e os franceses outra. Em uma comunicação que fiz em Pisa sobre "O relativismo atribuído ao pensamento do século XVIII", explico minha posição. As diferenças culturais têm ideais diferentes. O relativismo significa que o senhor gosta do café com açúcar, e que eu o prefiro sem. Não há como estabelecer-se o que é correto, os gostos diferem, os valores diferem. Uma das objeções a isto é que não se pode afirmar que esta proposição mesma seja objetiva. O relativismo não pode ser estabelecido porque a proposição que o explica não pode ser ela própria relativa. Exige-se para ele a verdade absoluta. Assim, diferentes culturas têm ideais diferentes e estes ideais são valores finais para estas culturas. Eles não são os mesmos. Mas, se eu disponho de suficiente empatia cultural, se eu compreendo o que é o centro de gravidade de uma cultura, como Herder o exige de mim, então estarei em condições de compreender por que as pessoas nestas circunstâncias perseguem um objetivo. Mais do que isso, estou em condições de compreender como eu mesmo, colocado nestas circunstâncias, poderia perseguir este objetivo ou rejeitá-lo; é um objetivo humano permanente, que não sai do horizonte de um homem normal. Eis o que é o relativismo. O relativismo diz: "Os nazistas crêem em campos de concentração, nós não cremos neles". "Não há nada para acrescentar". Mas o senhor deve dizer: "Se eu compreendo porque os franceses do século XVIII acreditavam nas doutrinas clássicas e porque os alemães preferiam a literatura hebraica ou Shakespeare como objetivamente desejáveis, posso compreender os dois". Posso preferir meus ideais. O fato de que eles possam não sobreviver não é uma razão para não lutar por eles. Alguém dizia com razão que as pessoas que crêem que os ideais devam ser absolutos são bárbaros idólatras.

A civilização implica que você possa aceitar a possibilidade de mudança sem cessar por isso de ser totalmente devotado e pronto a morrer por seus ideais, enquanto você crer neles. Platão e Aristóteles acreditavam que os homens viviam naturalmente em um mundo público, participavam, em todos os níveis, da vida da cidade. Seus sucessores, os estóicos, os epicuristas, os cínicos, os céticos, eles não acreditavam nisso; defendiam a busca da perfeição individual. Os estóicos de Roma tentavam conciliar os dois. Mas, é claro, todos os campos compreendiam os ideais dos outros, mesmo se os criticavam. Todos esses ideais faziam parte do leque moral dos seres racionais: um estóico pode penetrar na cabeça de um platônico e compreender como se pode perseguir objetivos platônicos, sem tomá-los, ele mesmo, como seus; estes ideais, objetivos, modos de vida, não são subjetivos: pertencem à constelação de valores em cujos termos é possível comunicar-se com pessoas que podem ter formas de vida diferentes das nossas – que vivem em condições diferentes, em períodos diferentes. Os relativistas, os discípulos de Spengler, os positivistas, os desconstrucionistas enganam-se: a comunicação é possível entre indivíduos, grupos, culturas, porque os valores dos homens não são em número infinito: pertencem a um horizonte comum – os valores objetivos da humanidade, muitas vezes incompatíveis – entre os quais é necessário, e freqüentemente penoso, escolher.

MORAL E RELIGIÃO

Mas o senhor crê em regras morais universais?

De uma certa maneira, sim: só creio em regras morais que um grande número de pessoas, em um grande número de países, em muitos períodos da história, tenham aceito. Isso nos permite viver uns com os outros. Mas se o senhor fala de regras absolutas, então devo lhe perguntar: "O que as torna absolutas?" E aí entra o *a priori*. Se o senhor compreende por isso uma certeza intuitiva de sua existência, bem, penso que possuo uma espécie de certeza intuitiva; mas, se me diz que alguém de fora tem uma visão inteiramente diferente e da qual não estou em condições de compreender, eu duvido: se este alguém não for inumano, farei esforço para compreender sua visão. Com certeza lutarei contra se esta constituir um perigo para mim. Creio que os seres humanos se parecem muito mais do que Herder acreditava e que as culturas têm muito mais pontos em comum do que Splengler julgava. E, no entanto, elas diferem. Não possuo a faculdade de detectar os absolutos. Um homem como Leo Strauss confiava em regras morais absolutas porque acreditava em algo que se chama "razão". "*La raison a toujours raison*" (A razão tem sempre razão), disse alguém durante a Revolução Francesa, e a razão de Strauss detecta os valores absolutos. Eu o invejo. Não consigo ter esta espécie de "razão". Não sei se o senhor a possui. Uma faculdade que fornece, em resposta às questões centrais da vida, a verdade infalível.

Mas, em termos kantianos, pode-se falar de regras morais universais.

Sim, porém Kant não dá uma explicação convincente de como chegamos a saber o que é verdadeiro e o que é falso. Nós o sabemos, é claro, porque vivemos de acordo com um código moral: alguns chamam-no consciência, nós – a grande maioria da humanidade – vivemos à luz de princípios sagrados. Mas para Kant não se trata de uma proposição empírica: a lei moral é revelada pela razão, que é exterior ao domínio da ciência, que é exterior ao mundo de nossas percepções, que é uma faculdade especial que não lhe dá informação sobre o mundo no qual vivemos mas que lhe dá uma informação sobre Deus, a alma e a imortalidade – é a frase de Kant. Esta espécie de faculdade me parece difícil de apreender. Kant era um pietista e um cristão, creio que isto o leva a postular um mundo transcendental. Não possuo nenhum senso de realidade acima e além da vida conhecida por mim. Não sou crente, mas concedo um grande valor à experiência religiosa daqueles que crêem. Os serviços religiosos me proporcionam uma certa emoção – os da sinagoga, mas também, os das igrejas e mesquitas. Acho que se nós não compreendemos o que é ser um crente, não podemos compreender o que faz viver os seres humanos. É a razão pela qual os ateus puros e intransigentes me parecem cegos e surdos para certas formas de experiência humana profunda, provavelmente para a vida interior: isso se assemelha à cegueira estética. A simples emoção não é suficiente para lhe permitir compreender os outros seres humanos, os crentes, os místicos incrédulos, as crianças, os artistas. A razão e a experiência não bastam.

Quando nos sentimos profundamente emocionados por uma obra de arte, é difícil dizer que se trata de uma experiência empírica. Cada experiência é, em certo sentido, empírica, mas não é algo que se possa submeter à verificação ou à experimentação. O senhor não pode dizer que é verdadeiro ou falso, real ou irreal, só pode dizer que é sublime, angustiante, belo, profundo ou superficial. Se me perguntar o que quer dizer "profundo", serei incapaz de lhe dizer. Utilizamos todos os tipos de palavras cujo sentido conhecemos mas que não podemos explicitar. Tome, por exemplo, a palavra "profundo". Por que dizemos que Pascal é um pensador mais profundo do que Russell, e Wittgenstein do que Ayer? Porque eles tocam um nervo e, por ali mesmo, revelam algo que faz parte de nossa experiência comum e importam enormemente em nossas vidas, mas da qual não estamos claramente conscientes. Hume não era ateu. *Os Diálogos sobre a Religião Natural* (1779) dizem simplesmente que os argumentos para a existência dos milagres são mais fracos do que os argumentos contra. Hume era agnóstico. O senhor conhece a história de Hume, quando de passagem a Paris é convidado a jantar na casa do barão d'Holbach. Ele lhe pergunta: "Há ateus em Paris?" e Holbach lhe responde: "O senhor tem 23 (pouco importa o número citado por Holbach) sentados presentemente ao redor da mesa". Hume ficou profundamente chocado.

Já que chegamos a este ponto, falemos de seu ensaio sobre Hume e as Origens do Anti-Racionalismo Alemão[10]. *O senhor acha que Hume foi, em relação ao velho racionalismo, um crítico mais destrutivo que Kant?*

Sim, creio que o foi. Porque acreditava no costume, na crença dos homens sensatos de todas as épocas, e não em proposições gerais incontestáveis. No plano político era um conservador, um *tory* e não um *whig*. Ele não acreditava em doutrinas absolutas: era hostil a Cromwell e não acreditava mais do que Burke nos princípios rigorosos. Foi um filósofo corajoso e extremamente original. Sua epistemologia é errônea: seu atomismo, suas teorias da percepção, da memória, da imaginação, não me parecem válidas. Mas sobre os temas políticos e éticos, creio que disse coisas, ao mesmo tempo, importantes e corajosas[11].

Será esta a razão pela qual os opositores alemães às luzes, como Hamann, se voltaram para Hume para tomar posição?

Sim. Hume foi útil para pessoas como Hamann, apesar de este detestá-lo...

Por que Hamann não gostava de Hume?

Porque ele era empirista e *philosophe*. Hume não acreditava no misticismo, não acreditava no mundo de Hamann, no qual cada acontecimento é um milagre e no qual Deus nos fala por intermédio da Bíblia, da natureza, da história, mas acrescentava: "Mesmos os heréticos e os maldosos podem ser úteis porque dizem certas coisas justas das quais

---

10. "Hume and the Sources of German Anti-Rationalism" (1977), reimpresso em *Na Contra-Corrente*.
11. Sua *História da Inglaterra* (1754) lhe valeu a glória e o encargo de secretário de embaixada na França em 1763. Havia escrito anteriormente os *Ensaios Morais e Políticos* (1741-1742) e o *Ensaio sobre o Entendimento Humano* (1748). É considerado o principal teórico do empirismo.

podemos nos servir". Hamann tomou de empréstimo as armas de Hume, seus pontos de vista antimetafísicos, contra os aliados de Hume.

Como se explica que a filosofia inglesa seja mais influenciada por Hume do que por Locke, por exemplo?

Ela é igualmente influenciada por Locke. Por que acha o senhor que os filósofos ingleses não se interessam por Locke?

Talvez pelo fato de se referirem mais à filosofia de Hume do que àquela de Locke.

A filosofia inglesa é em geral uma filosofia empírica que estréia com Bacon. De Bacon ela vai à Hobbes, e de Hobbes à Locke. Locke é um empirista, não nas questões religiosas e morais mas, certamente, nas do conhecimento do mundo e da natureza[12]. Em seguida vem Berkeley, que acreditava certamente em Deus e em determinadas formas de experiência não-empírica. Mas ainda aí, quanto ao que se pode chamar de mundo exterior, é um empirista; é o caso também de Hume e de J. S. Mill. Assiste-se a seguir a uma reação hegeliana. Depois temos Bertrand Russell, um filósofo original que se insurgiu contra o hegelianismo ao qual aderira em seus primórdios. Foi convertido por George E. Moore, com quem o neo-empirismo deslancha. Na verdade, ele não começou denunciando os hegelianos. Dizia simplesmente: "Antes de começar a construir estes grandes sistemas, asseguremo-nos de que são fabricados os tijolos". Graças a este exame minucioso ele chega à conclusão de que todas estas magníficas proposições não repousam sobre bases muito sólidas. Moore foi um pensador atilado e totalmente honesto; converteu Russell à crença de que o fundamento obrigatório de tudo quanto conhecemos do mundo exterior é o que vemos, ouvimos, tocamos, sentimos e saboreamos.

---

12. John Locke (1632-1704), autor, entre outros, do *Ensaio sobre o Entendimento Humano* (1690) e de *Pensamentos sobre a Educação* (1693).

11. Sofia Perovskaia (1853-1881). Revolucionária russa, participou do complô que terminou por assassinar o czar Alexandre II.

O senhor não julga, pois, que Hume esteja no coração da filosofia inglesa?

Sim, ele está, mas Locke também e Berkeley igualmente. Pode-se notar diferenças. Porém, representam todos tipos diferentes de empirismo.

Voltemos ao problema da "razão", na qual o senhor dizia não crer...

Jamais disse que não acreditava na "razão". Mas, simplesmente não compreendo o que certos filósofos entendem por razão, que é para eles uma espécie de olho mágico, que enxerga verdades universais não-empíricas...

O senhor pensa naquelas pessoas que crêem em um método racional para justificar normas e valores?

Não somente naquelas que procuram justificar, mas igualmente naquelas que acreditam em uma percepção imediata da verdade eterna de certas normas.

Mas como se pode fundamentar normas e valores se não se crê em um método racional para justificá-los?

Eu não os justifico. As normas não têm necessidade de justificativa, elas justificam o resto, porque são a base. A questão é: "Como alcançar estas normas?" Ora, existem todos os tipos delas. Achamos simplesmente que sua própria forma de vida pressupõe certos conceitos, categorias e crenças. É uma declaração *de facto* e não *de jure*. O senhor pode dizer que cada civilização diferencia o bem e o mal, o verdadeiro e o falso. Daí decorre que existe uma realidade universal concernente ao gênero humano; mas não uma forma *a priori* de conhecimento racional.

Os Direitos do Homem

Mas quais são as razões de preferir-se a democracia à toda outra forma de regime. Sobre o que isto pode se fundamentar?

É sem dúvida fundamentado sobre a crença nos direitos do homem.

É verdade, é universal.

Certamente; mas não está baseada em idéias racionais. Se quer saber por que cremos nos direitos do homem, posso lhe dizer que é a única maneira decente, tolerável mesmo, de os seres humanos conviverem, e se o senhor me perguntar o que é "decente", posso dizer que é o único gênero de vida que, pensamos nós, os seres humanos deveriam seguir se não estiverem dispostos a se destruir uns aos outros. São verdades universais, mas isso não significa algo de inalterável. Não posso garantir que nada mude.

Mas quando fala de direitos do homem, o senhor fala dos direitos naturais, o que é um a priori.

É verdade, daí por que eu rejeito esta noção.

Mas o senhor não rejeita os direitos do homem?

Não, eu rejeito listas *a priori* de direitos naturais. Creio apaixonadamente nas leis relativas aos direitos do homem. Não nego, é claro, que existam princípios gerais de comportamento de atividade humana sem os quais não pode haver uma sociedade suficientemente decente. Não me pergunte o que entendo por decente; por decente, eu entendo decente. Sabemos todos o que significa. Mas se o senhor me disser que um dia teremos uma cultura diferente, não estou em condições de lhe provar o contrário.

É por isso que o senhor acha que nenhuma filosofia política pode se aproximar de algo como a "razão perfeita"?

Não penso que possa existir algo como um conhecimento ou intuição direta não-empírica com verificação de princípios eternos.

VERDI, STRAVINSKI, WAGNER

Falemos agora de Verdi: o senhor escreveu sobre ele em seu livro Na Contra-Corrente[13].

Deixe-me dizê-lo imediatamente que Verdi não estava na contracorrente. Por isso talvez tenha errado ao incluí-lo nesta precisa coleção.

Sem dúvida ele não está "na contracorrente", mas o senhor o considera realmente como um músico tipicamente herderiano?

Não. Era um nacionalista italiano. Acreditava em Mazzini. Acreditava no Risorgimento italiano. Estava convencido de que os italianos não deviam ser governados pelos austríacos. Sua ópera *Nabuco* (1842) é dirigida contra os austríacos.

Será esta a razão pela qual o senhor acha que se deveria conhecer as idéias políticas de Verdi para se compreender sua música?

Bem, isso facilita a compreensão do espírito de algumas de suas óperas. Não julgo suficiente contentar-se em escutar as árias. Penso que se deve captar a concepção central de uma obra de arte, não somente apreciá-la, se quer compreender o que o compositor deseja transmitir. Tomemos por exemplo *Rigoletto* (1851). No âmago de *Rigoletto* há duas idéias: a primeira é o Pai e a Filha, uma relação essencial; a outra idéia é o desgosto que inspiram os governantes arbitrários da Renascença. A obra teatral de Hugo, *O Rei se Diverte*, é uma denúncia dos regimes detestáveis e dos tiranos dissolutos que achincalham os direitos de seus súditos. Assim, as duas idéias fundamentais de *Rigoletto* são o republicanismo e o humanismo. Se não perceber isso, então creio que *Rigoletto* não passará de uma sucessão de sons musicais. É por isso que não gostei muito

---

13. "A *Naiveté* de Verdi" (1968), reimpressa em *Na Contra-Corrente*.

da transcrição do *Rigoletto*, a que fez o encenador Jonathan Miller, um homem, no entanto, extremamente dotado, numa história em torno da máfia em Nova York, pois um mafioso que seduz a filha de um outro mafioso nada tem em comum com o duque de Mântua seduzindo a filha de um truão miserável, aquele de relevância social, o outro de nenhuma. Verdi estava perfeitamente consciente da injustiça social.

Em que sentido Verdi era um ingênuo?

No sentido de Schiller. Schiller distingue o "ingênuo" e o "sentimental"[14]. Ele distinguia entre os artistas que criavam naturalmente, que não são perturbados pelo fardo da desordem trágica da vida, que não procuravam sua salvação na arte como certas pessoas na religião ou no nacionalismo. Sob este aspecto, Verdi é simplesmente um artesão de gênio, dotado das idéias morais simples e fortes de seu tempo e de seu país, e não este ser agitado de um tormento interior de natureza neurótica. Ele foi um compositor maravilhoso, um gênio divino que criou de maneira natural, à semelhança de Homero e Shakespeare.

Por que considera Verdi como o último compositor ingênuo da história da música?

Foi o que disse, mas creio não ser verdadeiro. O último compositor ingênuo é, provavelmente, Bruckner. E o que dizer dos músicos de jazz? Eles são sem dúvida totalmente ingênuos, mas acho o jazz insuportável, portanto não posso falar deles. Para mim, o jazz não é música. Schiller fala de "ingênuo" quando a obra de arte oculta o artista. Quando o artista e seu trabalho constituem uma só coisa, não há necessidade de conhecer sua vida para compreendê-la, tudo é dito pela própria obra. Isto é verdade com respeito a artistas "sentimentais" – Baudelaire, Mahler, Wagner, Rimbaud.

---

14. Em alemão *sentimentalisch*, que não tem precisamente o sentido de sentimental, como o indica Isaiah Berlin.

Como é possível que o senhor se sinta mais fascinado por Verdi do que pelos compositores russos?

Porque ele é um compositor mais importante. Creio que Verdi é um grandíssimo compositor, que compôs sobre as paixões humanas fundamentais, nas cores fundamentais. Não há muitos grandes compositores russos. Eu assinalo três verdadeiramente grandes: o primeiro é Mussórgski, o segundo Tchaikóvski e o terceiro Stravinski. O senhor vê algum outro?

Sim, Prokofiev e Chostakóvitch.

Eles são excelentes, mas não têm a dimensão de Stravinski, como Donizetti e Bellini não são iguais a Verdi. Stravinski era puro gênio, um compositor extremamente original.

O senhor o conheceu?

Sim, eu o conheci muito bem. Alguém nos apresentou e nós nos entendemos bastante. Ele veio várias vezes a Londres dar concertos aos quais eu comparecia. Vi-o em Nova York e em Veneza; depois ele veio nos visitar em Oxford. Schoenberg e Stravinski dominaram a música moderna. É curioso o fato de que viviam a cerca de quarenta quilômetros um do outro, em Beverly Hills, e que jamais se tenham encontrado. Com certeza, deliberadamente[15].

Assim, o senhor aprecia a música contemporânea e compositores como Berg e Webern?

Perfeitamente.

15. Arnold Schoenberg (1874-1951) fugiu para os Estados Unidos com o advento do nazismo. De 1936 a 1944, ocupou uma cadeira na Universidade da Califórnia. Igor Stravinski (1882-1971) fixou-se em Hollywood durante a Segunda Guerra Mundial. Naturalizado norte-americano em 1945, morreu em Nova York.

E os compositores clássicos alemães como Wagner e Mahler?

Podemos até retornar aos primórdios e falar de Bach. Mas é simplesmente impossível comparar estes homens. Bach é como o pão. É o homem de base. O senhor não deixa jamais de comer pão. Eu nunca me cansei de ouvir Bach, mesmo quando estava farto de ter ouvido Mozart. Mas não podemos dizer que Bach é maior que Mozart ou que Mozart é maior que Beethoven. Estas são apreciações ridículas. Eles não são comensuráveis. Schubert é, a meu ver, um dos maiores compositores. O grande pianista Alfred Brendel, que é meu amigo, me fez compreender o que Schubert transmite: em particular o lado trágico de suas obras.

Quer dizer que os compositores alemães o fascinam?

Sem dúvida, considero Wagner um compositor de gênio. Até agora, ouvi quatro vezes o *Ring*. É uma realização extraordinária, ainda que eu não ache a obra simpática. Se me disser que não poderei mais ouvir novamente Wagner, não ficarei infeliz. Mas considero Wagner um fenômeno de primeira ordem da cultura européia, e não somente para a música. Depois de Wagner, nada mais foi igual no Ocidente.

O senhor o considera um anti-semita?

Com certeza. Ele pode ter sido mau-caráter, mas isso nada tem a ver com o valor de sua arte. O fato é que transformou a música ocidental. A música, após Wagner, não pôde mais ser escrita como o fora antes dele. Isto teve conseqüências sobre as outras formas de arte. *La Revue Wagnerienne* não tratava particularmente de música, mas falava de novos valores em literatura e em todas as artes. Homens como Wagner, Marx e Rousseau mudaram as coisas para melhor ou para pior; são figuras maiores que não podemos deixar de reconhecer como forças que marcam data na história da cultura humana.

O senhor considera igualmente Moisés Hess como um "ingênuo". Utilizaria a palavra "ingênuo" para Hess com o mesmo significado que para Verdi?

Moisés Hess[16] é um ingênuo no sentido comum do termo e não no sentido de Schiller. Era um homem bom, gentil e nobre mas, provavelmente, demasiadamente simples. Pessoas como Marx e Engels caçoavam dele. Na verdade, apreciavam-no, mas se mostravam irônicos a seu respeito. Era um homem honestíssimo que não dizia nada em que não acreditasse verdadeiramente. Quando se via frente à verdade ele o afirmava, mesmo se isto fosse de encontro à sua própria doutrina. Esta é a razão pela qual penso que tenha sido um homem muito honrado.

Por que Moisés Hess o interessou?

Porque é o fundador do sionismo e não por suas idéias hegelianas, certamente muito interessantes, mas ele não representa uma figura exponencial na história das idéias hegelianas.

Ele parece estar muito próximo a Herder?

Ele escreveu seu famoso livro *Roma e Jerusalém*, que ninguém leu, e singularmente os judeus alemães, dos quais alguns não gostavam dele, afirmam que era um tecido de inépcias. Hess dizia aos judeus alemães coisas que eles não gostavam de ouvir. Por exemplo: Por quê os alemães não os apreciam? Não é porque eles desprezem a sua religião, ou seus escritos ou sua conduta econômica. O que eles não gostam são dos seus narizes, seus cabelos crespos, porque consideram que os senhores não são alemães, que é o que pretendem ser. E isto, os senhores não podem modificar.

---

16. Nasceu em Bonn em 1812 e morreu em Paris em 1875. Isaiah Berlin escreveu sobre Hess em 1959: "The Life and Opinions of Moses Hess", (reimpressa em *Na Contra-Corrente*).

O senhor considera Roma e Jerusalém uma obra-prima, mesmo que a expressão esteja fora de moda.

É verdade. Está recheado de expressões hegelianas. Hess foi alimentado por Hegel, e era um enorme admirador de Karl Marx. Foi até o final de sua vida comunista e nacionalista, uma assombrosa combinação. Mas foi o primeiro homem a compreender o princípio herderiano, segundo o qual as pessoas não podem criar a não ser que sejam independentes, e não podem ser independentes se não têm seu próprio solo. Elas não têm necessidade de uma organização política específica, uma pátria lhes basta.

Mas a linguagem hegeliana ainda é a referência, e muitos filósofos continuam a escrever neste estilo.

Quem por exemplo?

Bem, penso em Kojeve.

Sim, mas Kojeve realmente jamais escreveu. Escreveu cartas para Leo Strauss. Seu célebre livro *Introdução à Leitura de Hegel* foi redigido a partir de notas tomadas por Raymond Queneau. Quando perguntei a Kojeve se desejava acrescentar alguma coisa ao livro, respondeu-me: "Não escrevi este livro, certas pessoas o puseram no papel. Não tenho nada contra, mas ele nada tem a ver comigo". Adotou uma atitude bastante irônica a seu respeito. O senhor sabe, Kojeve tinha uma faceta um tanto dândi. Flertava com as idéias de maneira extremamente brilhante.

O senhor considera a linguagem hegeliana ultrapassada?

Não. Mas não a considero boa. Eu sou um produto do empirismo britânico. Estou muito velho para mudar. Herder escreve de maneira clara, Kant, ao contrário, foi o homem que arruinou a linguagem filosófica embora tentasse escrever claramente. Após Hegel os filósofos alemães que o sucederam e depois, os filósofos franceses após a Segunda Guerra Mundial, abandonaram a linguagem comum e escreveram como se o fizessem sob a água, de maneira obscura, a despeito de certas exceções, tanto os materialistas e os positivistas como alguns fenomenólogos.

O que acha de Schopenhauer e de Nietzsche?

Schopenhauer tinha o estilo límpido, mas detestava Hegel e escapou à sua influência. Aconteceu o mesmo com Nietzsche. Mas nem um nem o outro eram universitários.

Voltemos a Moisés Hess.

Como bem sabe, jamais se apresentou sob o nome de Moisés Hess. Nunca assinava Moisés. Fazia-se chamar por Moritz Hess. Foi depois de sua morte que o chamaram de Moisés Hess. *Roma e Jerusalém* não foi escrito por Moisés Hess, mas por M. Hess.

Em seu ensaio sobre Moisés Hess, o senhor o considera muito preocupado com o problema do nacionalismo, como a verdadeira condição prévia do internacionalismo, e o senhor coloca uma distinção entre ele de um lado, Marx e Disraeli de outro.

Disraeli não, mas Marx sim. Hess acreditava, como Mazzini, que o único internacionalismo verdadeiro está na consideração e respeito mútuos entre as nações. Para haver a idéia de um internacionalismo, é preciso nações. Durante esta época, Marx considerava a humanidade, em particular a classe operária, como um corpo único. Hess e Herder acreditavam em nações individuais que poderiam e deveriam manter entre elas relações estreitas, mas cada uma podendo preservar sua identidade e individualidade nacionais. Marx não se interessava por esta noção. Só lhe interessavam os trabalhadores e os capitalistas, assim como seus agentes e aliados. Há um outro aspecto que separa Marx e Disraeli de Hess: é a relação com suas origens judaicas. Marx e Disraeli sentiam-se ambos constrangidos por ela. Marx a dissimulava, Disraeli não cessava de enunciá-la. Em compensação, Hess sentia-se perfeitamente à vontade com ela.

Denunciou os judeus ricos dos anos de 1840, mas jamais se sentiu constrangido com o que se designava por problema judeu. No célebre caso de Damasco – quando se acusou os judeus de terem matado um monge a fim de utilizar seu sangue para fins rituais –, um enorme escândalo na época, que a Igreja tentou ignorar, ele reagiu como judeu. Pouco tempo depois, entusiasmou-se por uma canção patriótica alemã dirigida contra os franceses, escreveu a música e enviou-a ao autor das palavras que lhe devolveu a partitura com estas palavras: "O senhor é judeu". Ele jamais as esqueceu, e isto o engajou no caminho de seu sionismo ulterior.

Por que Marx tinha tanto desdém por Hess?

Ele tinha muitas razões. Primeiro porque não o considerava um homem inteligente; em seguida porque, idealista, Hess acreditava na possibilidade de uma transição pacífica para o comunismo, ao passo que Marx imaginava uma inexorável luta de classes. Marx não gostava muito de discípulos que não aceitavam completamente cada palavra que pronunciava. Por tudo o que sei, Marx jamais admitiu qualquer crítica válida de seus erros. De uma maneira tocante, Hess permaneceu leal para com ele, de modo que, quando de sua morte, em 1875, Marx escreveu uma carta gentil à mulher de Hess, elogiando sua personalidade. Marx nunca odiou Hess tanto quanto, por exemplo, Lassalle. Lassalle era um rival, que fundou a Associação Geral dos Trabalhadores Alemães, partido sem o qual o socialismo não teria se desenvolvido enquanto força, e este fato Marx não podia perdoar-lhe[17].

MARX E O MOVIMENTO SOCIALISTA NO SÉCULO XIX

Em seu livro sobre Karl Marx o senhor o considera como um homem insensível, que não se interessava nem pelas pessoas nem pelos estados de espírito.

---

17. Ferdinand Lassalle (1825-1864), autor da famosa *Lei de Bronze dos Salários*, funda este partido em Genebra um ano antes de sua morte.

Marx era um homem bastante insensível. Em certos momentos manifestava emoção, mas estes momentos não eram muito freqüentes. Em uma de suas cartas a Engels, fala de sua angústia: Lassalle preconiza certos remédios psicológicos – ele responde que não pode agir desta maneira –, não é destas pessoas afortunadas, não pode escapar ao sofrimento. Marx era um homem de cabeça dura e de coração de pedra. Gostava praticamente só de Engels, de sua própria família e de um número muito reduzido de outras pessoas: o dr. Kugelmann, Wilhelm Liebknecht[18] e alguns amigos ingleses. No final de sua vida, praticamente, apenas de suas filhas.

Por que o fato de ter nascido judeu o desgostava?

Em grande parte porque identificava os judeus ao capitalismo. Ele era, bem entendido, batizado como seu pai. Achava que o anti-semitismo e o judaísmo eram fenômenos passageiros, produtos, ou melhor, doenças do capitalismo, que se extinguiriam após a revolução sem deixar traços, como todas as religiões. Os anti-semitas o atacaram, como Bakúnin, Ruge[19], Proudhon[20] e Dürhring[21], assim como outros socialistas. Um certo grau de sentimento anti-judaico era algo perfeitamente normal no conjunto da sociedade – é talvez ainda o caso –, mas Proudhon e Bakúnin eram, quanto a eles, implacáveis mata-judeus.

Por que o senhor considera Marx como uma figura curiosamente isolada dentre os revolucionários de seu tempo?

O que pretendia dizer com isto é que Marx não era um revolucionário no sentido de ter participado pessoalmente nas

---

18. É em Londres, em 1850, que este jovem alemão então com a idade de 24 anos se liga a Marx. Será deputado ao Reichstag, Partido Operário Social-Democrático, de 1874 até sua morte, em 1900.
19. Arnold Ruge (1802-1880), hegeliano de esquerda.
20. Sua desavença com Marx data da publicação de *Filosofia da Miséria* (1846) à qual Marx responde com a *Miséria da Filosofia* (1847).
21. Karl Eugen Dühring (1833-1921) foi criticado por Engels pelo seu materialismo simplista em *O Anti-Dühring* (1878).

revoluções da época, como Bakúnin, Engels ou Proudhon. Estes últimos eram ativos enquanto Marx permaneceu no exterior da atividade revolucionária. Era um professor, um ideólogo. Foi sem dúvida um lutador, mas combateu com palavras. Não empunhou armas; poderia tê-lo feito em 1848, mas optou por não fazê-lo, Marx não acreditava na ação direta até que soasse a hora da história. Não eram os ideais, mas a história, o guia único.

Marx devia muito a Hegel. O senhor acha que a filosofia marxista teria existido sem a influência de Hegel e da filosofia alemã?

Não na forma que ela tomou. A idéia da dialética, um movimento espiritual, é capital para Hegel, Marx a utiliza, mas a traduz em termos materiais, o que é algo totalmente diferente e, a meu ver, de modo algum clara. Marx foi um pensador de gênio e disse coisas importantes. Mas seu gênio toma a forma da criação de uma síntese de idéias que pertencem a outros. É estranho, mas não há uma única idéia original em Marx: pode-se encontrar cada uma de suas idéias em um pensador que o precedeu. Porém, a associação que ele faz delas é uma obra de gênio. Da mesma maneira pode-se dizer de uma sinfonia que se trata de uma obra de gênio: pode-se ouvir, com certeza, os acordes alhures, mas sua combinação é nova. O valor excedente (a mais valia), a luta de classes, o papel histórico dominante das mudanças tecnológicas, a base e a superestrutura, tudo isto podemos encontrar em outros lugares, em Saint-Simon, Fourier, Hodgskin[22], Ricardo etc. Porém, Marx não era homem capaz de reconhecer suas dívidas para com os outros. Não falava: "Devo isto a Hegel, devo aquilo a Saint-Simon ou a Rodbertus[23] ou a Lassalle", mesmo se fosse este, exata-

---

22. Thomas Hodgskin (1787-1869), um dos pioneiros com Robert Owen do socialismo na Grã-Bretanha.
23. Economista alemão (1805-1875), Johann Karl Rodbertus foi deputado, chefe do centro-esquerda e ministro da Educação na Prússia (1848-1850).

mente, o caso. Há uma célebre frase em latim que diz: *Pereant qui ante nos nostra dixerunt.* O que quer dizer: "aqueles que disseram antes de nós o que dizemos, devem morrer".

O senhor considera que o sistema intelectual de Marx era um sistema fechado e, no entanto, ele não era obcecado por idéias fixas?

Com certeza era obcecado por suas próprias idéias. Nunca voltava atrás, a partir do momento em que pensava em algo tratava-se, para ele, de uma contribuição eterna. Não aceitava tampouco modificar seus pontos de vista. Mas, como o senhor bem sabe, o jovem Marx e o Marx idoso não são os mesmos. O Marx do *Capital* não é o dos *Manuscritos Filosóficos e Econômicos* ou de *A Ideologia Alemã*[24]; todavia, jamais encontramos alguma tentativa de dizer: "Tenho novas idéias, aquilo que disse antes era inadequado". E, não obstante, mesmo se suas idéias experimentaram um desenvolvimento, Marx foi muito mais singular e sólido do que certas pessoas na França querem crer. Não acho que tenha existido um primeiro Marx humanista e, mais tarde, um Marx economicista, um Marx científico e um Marx romântico. As pessoas tentaram operar estas distinções porque odeiam o stalinismo e querem separar Marx de Stálin. Mas, se lermos Marx, a continuidade nele e entre ele e Plekhanov, Lênin e Stálin é perfeitamente evidente.

O senhor considera Marx como um pensador sempre atual?

Certamente. Em grande parte porque suas doutrinas mudaram o curso da história, para melhor e para pior. E sua análise conserva um grande valor. O mundo teria sido mais feliz, como alguns o pensam, sem Karl Marx, mas o fato é que ele existiu realmente, e suas idéias penetraram

---

24. Marx tinha 26 anos quando publicou seus *Manuscritos* (1844) e escreveu *A Ideologia Alemã*, que só será publicada em 1932; tinha 49 anos quando veio à luz o tomo I de *O Capital* (1867).

na textura do pensamento moderno inclusive naqueles que se lhe opuseram profundamente.

A ESQUERDA E O DESMORONAMENTO DO MARXISMO

O senhor acha que o marxismo esteja vivo ainda hoje como estava há vinte anos?

Penso que ocorreu algo muito estranho. Segundo tudo indica, algo que se poderia designar de "pensamento de esquerda" ruiu, a meu ver, no Ocidente, pela primeira vez depois de 275 anos. Tentemos esclarecer esta proposição. A esquerda deslancha, digamos com Voltaire. Seu centro está em Paris. Voltaire se opõe à Igreja, ao Ancien Régime, as autoridades o consideram como um personagem subversivo. Em sua época, a ortodoxia tradicional tinha as idéias de Voltaire por perigosas. Ele era seguido pelos *philosophes* da *Enciclopédia*. Em sequência, a grande e radical subversão – a Revolução Francesa. Depois o bonapartismo, uma modificação das idéias radicais, porém sem retorno aos Bourbons; existem elementos "de esquerda" na organização napoleônica da França que não respeitam nem a realeza nem a tradição. Após Napoleão, vem a Restauração, mas assistimos ainda em Paris, na década de 1820, a uma proliferação de pequenos complôs contra o regime. Babeuf está morto mas Buonarroti ainda atua[25]. Aparecem, em seguida, os círculos alemães de trabalhadores, a sociedade das Nouvelles Saisons[26], Dézamy[27], Proudhon e os carbonários de esquerda[28]. Paris dos anos de 1840 está recheada de revo-

---

25. Destes dois conspiradores da Conjuração dos Iguais (1796) contra o Diretório, o primeiro, Babeuf, foi guilhotinado em 1797, o segundo, Buonarroti, foi deportado, participou da agitação nacionalista italiana e morreu em Paris em 1837.

26. Sociedade secreta republicana na época da Monarquia de Julho; fundada em 1836 por Barbès e Blanqui, desapareceu em 1848.

27. Alexandre Dézamy (1808-1850) descreveu, em *O Código da Comunidade* (1842) um falanstério comunista.

28. Sociedade secreta de origem italiana, autora na França, de 1818 a 1822, de numerosos complôs contra os Bourbons.

lucionários como Bakúnin, Marx, Herzen, Louis Blanc, Blanqui, todos os amigos revolucionários de George Sand. Depois vem 1848 e, em seguida, Napoleão III e a supressão da ação radical. Mas Victor Hugo e Michelet pertencem às forças republicanas que se opõem ao Império; eles escrevem e se agitam, como o fazem os exilados em Londres durante vinte anos. Vem a Comuna, e após a Comuna, os partidos socialistas, os *dreyfusards*, os marxistas, os alemanistas, os possibilistas[29], Jean Jaurès, Jules Guesde etc. A seguir vem a 3ª Internacional, após a Primeira Guerra Mundial, e a maioria dos socialistas franceses adere aos comunistas. Paris representa, bem mais que Moscou, o grande centro das idéias de esquerda. Chega a Segunda Guerra Mundial, a resistência comunista, depois intelectuais como Sartre e Merleau–Ponty que inspiraram os revolucionários da Ásia etc. Em seguida temos os acontecimentos de 1968. Depois disso, brutalmente, nada mais. Tomemos o caso de um jovem nos inícios dos anos noventa. Ele quer vir em ajuda dos pobres contra os ricos, quer a igualdade, a abolição do capitalismo, quer uma sociedade decente dotada de uma organização racional. Quem são os líderes hoje? Alguns entre eles podem muito bem ser charlatães, onde estão eles? Quem são os líderes carismáticos da esquerda em Paris, a capital da esquerda, ou não importa onde, em qualquer outro lugar?

Eu creio, efetivamente, que não existe na França de hoje um líder carismático da esquerda.

Na Inglaterra temos E. P. Thompson, que preconiza o desarmamento nuclear, e o sr. Tony Benn. Isso não representa muito.

---

29. Socialistas moderados (1882-1890) dirigidos por Paul Brousse – médico de Montpellier que em sua juventude fora anarquista – e opostos aos coletivistas de Jules Guesde. Jean Allemane, tipógrafo originário do Alto-Garonne, criará em 1890 o Partido Operário Socialista Revolucionário, que preconizará a greve geral como meio essencial de luta do proletariado.

Na realidade, os principais movimentos europeus de esquerda da atualidade são hoje os movimentos antinucleares.

Eles não têm um líder carismático. Cite-me um líder de esquerda do qual os jovens, com ou sem razão, poderiam se inspirar? Cohn-Bendit, Dutschke, Huydens?

E Mitterrand na França?

Mitterrand é muito moderado. Não está muito à esquerda, não é mesmo? Não creio que seja mais socialista do que um membro de um Partido Trabalhista gradualista.

O que aconteceu ao Labour Party?

Dois fatos ocorreram. Primeiro, a União Soviética os traiu. O senhor sabe, de certa maneira, mesmo se condenavam Stálin, a esperança deles estava naquela direção. O socialismo vai mal, mas ainda é o socialismo, um Estado pervertido de trabalhadores, mas um Estado de trabalhadores. Lênin, o salvador da Revolução ou Bukhárin[30] são preferidos a Stálin ou Béria; entretanto, a esquerda olha, cheia de esperança, na direção dos países socialistas, mesmo Israel. Se a Rússia traiu o ideal, então a Iugoslávia é melhor. Se não é mais a Iugoslávia, então é a China. Hoje, Cuba ou Nicarágua. O fenômeno do comunismo no poder foi desacreditado. Em segundo lugar, deixe-me dizer-lhe que o objetivo primeiro do socialismo, além da justiça social, é dar alimento aos famintos e vestir os desnudos. Nenhum governo socialista conseguiu ainda fazê-lo; a economia socialista não manteve suas promessas. O capitalismo pode ser malfazejo, pode ser opressivo, pode ser explorador, pode comercializar e vulgarizar a cultura e destruir os valores morais, mas é certo que a liberdade, a diversidade e a livre expressão nele são maiores. Não creio que na União Soviética atual existam verdadeiros marxistas convictos. Na

---

30. Depois de se ter oposto a Stálin em 1928 defendendo a política agrícola da NEP, Nicolai Bukhárin foi condenado no processo dos 21 (1938) e executado.

12. Joseph de Maistre (1753-1821). De um desenho de Vogel von Vogelstein.

13. Batalha de Moskova (7 de setembro de 1812) durante a campanha da Rússia: tomada do Grande Reduto. Litografia de Motte, B.N.

Inglaterra sim, na França também, e em grande número na América Latina. Mas na Europa Oriental? A pátria de tudo isso? De uma maneira ou de outra, é o desmoronamento. Há uma virada mundial para a direita. Eu não a desejo. Eu sou um liberal.

O que pensa o senhor de Gorbatchev e da perestroika?

Não tenho uma opinião precisa a este respeito. Eu lhe desejo o melhor. Quando estive na União Soviética discuti com as pessoas, estavam todas a favor da *perestroika*; mas a maioria se mostrava cética quanto ao êxito destas reformas. Subsistem muitos problemas.

Que gênero de problemas?

Sobretudo problemas econômicos e problemas da burocracia. Houve uma terrível decomposição da vida econômica sob Stálin. Os operários não são corretamente formados, falta-lhes engenhosidade e competência. No plano tecnológico, estão a reboque do Ocidente. Os camponeses continuam primitivos. A *intelligentsia* é muito inflamada, cheia de esperança e, no plano moral, interessante e crítica. Mas a enorme burocracia tem medo de perder seu poder. Sempre existiu na Rússia uma terrível burocracia, um exército e uma polícia secreta poderosos. A primeira e maior tarefa de Gorbatchev é de salvar a economia: tarefa seguramente muito, muito difícil. Mesmo Brecht, que era bastante stalinista disse: "Primeiro a comida, depois a moralidade". É uma defesa ao stalinismo, mas sob Stálin a moralidade se desmoronou ao mesmo tempo que a comida, a penúria com o prêmio de um extermínio brutal. Gorbatchev tem problemas enormes a enfrentar. Eu lhe desejo êxito.

Os intelectuais soviéticos têm igualmente uma boa dose de esperança.

Aqueles que encontrei são muitas vezes heróicos, sempre sensíveis, honestos, repletos de dotes, pessoas realmente admiráveis.

E pessoas como Soljenítsin?

Creio que Soljenítsin se parece mais com os *velhos-crentes* do século XVII. Eles consideravam Pedro – O Grande como o diabo sobre o trono. Para ele, o diabo é o comunismo, é um terrível flagelo tanto na Rússia quanto na China, que se deve erradicar: todos os valores humanos, em particular, os valores tradicionais da Rússia são espezinhados pelo comunismo, deve-se fazê-lo desaparecer e, com ele, todas as suas ramificações.

O senhor não partilha de seu ponto de vista?

Não. Considero o comunismo um malogro total e acho que há mais crimes atrozes em sua consciência do que em qualquer outro movimento da história, mesmo as grandes perseguições religiosas. Quando estive na União Soviética, em 1988, apareceu um artigo em um dos jornais oficiais, não no *samizdat*[31], mas em um jornal cujo nome me escapa, que afirmava que no Ocidente se avaliava o número de vítimas de Stálin ao redor de quinze a vinte milhões. Tal cifra não é exata, o total é de cinqüenta milhões. Bem, depois disso penso ser difícil tentar defender qualquer coisa que este regime possa inspirar. Não concordo com os "novos filósofos" na França, quando dizem que Karl Marx conduz diretamente ao *gulag*. Karl Marx gostava da violência, e a violência gera a violência. Entretanto, Karl Marx não foi partidário da matança em massa – esta é uma idéia nova do Ocidente. O verdadeiro autor é Lênin. No domínio de Lênin, mais pessoas inocentes foram exterminadas do que não importa qual outra revolução anterior, muito mais do que em 1793, 1848 ou 1870. Era um terror de verdade, não na escala de Stálin, mas um terror real que atacava todo o mundo, e nele se fundamentava o leninismo.

---

31. Na Rússia, *samizdat* quer dizer auto-edição. Por extensão, é o conjunto de técnicas utilizadas para reproduzir, à revelia das autoridades, textos proibidos, que circulam de mão em mão ("a edição do Estado" chamava-se *Gossizdat*).

Se colocarmos de lado o insucesso do comunismo enquanto regime político, parece-me que o marxismo, enquanto forma de pensamento filosófico, desmoronou-se no Ocidente?

Não, penso que existem idéias que se poderiam encontrar em Marx e que pertencem ao tesouro geral das idéias humanas. Por exemplo, Marx foi o primeiro a profetizar o aumento do *big business*, a identificar a influência da tecnologia sobre a cultura geral, a trazer à luz as fontes da atividade capitalista. Encorajou também a luta de classes mas, é claro, exagerou demais: esta luta não é um fenômeno universal nem tão central e difundido quanto se pensa. Não há luta de classes real na Inglaterra, na França ou na América, quaisquer que sejam as tensões sociais e as injustiças. Pode existir uma na Nicarágua. A China é um bom exemplo dos pesadelos que o marxismo fanático pode provocar.

É esta a razão pela qual o senhor compara Marx a "um antigo profeta que cumpriu uma tarefa que o Céu lhe impôs?"

Eu disse isso? Não, penso que é exagerado. A meu ver, as pessoas falavam assim unicamente porque sua barba parecia com a dos profetas judeus das gravuras de Gustave Doré.

Marx parece ser muito influenciado pelo judaísmo e pelo pensamento cristão.

Talvez. Quem não o era naqueles tempos? Todos eles haviam lido a Bíblia.

Mas o que o senhor considera como verdadeiramente novo em Marx?

Como acabo de dizer, sua idéia sobre a influência dominante das mudanças da tecnologia sobre a cultura. É uma idéia nova. Saint-Simon já a enunciara, mas poucas pessoas leram Saint-Simon. O que quero dizer é que a idéia da arte e da cultura serem influenciadas pelas mudanças tecnológicas é uma idéia marxista. Neste sentido, o marxismo não está morto; mesmo se grandes pedaços de sua doutrina – por exemplo, sua análise do nacionalismo, da religião, do papel dos grandes líderes – sejam e sempre tenham sido errôneos.

O marxismo parece ainda bem vivo nos países do terceiro mundo.

Naturalmente, em todos os lugares onde existem opressão e pobreza, toda doutrina que diz "as pessoas que vos governam são animadas pelas piores intenções, consciente ou inconscientemente" e "agindo assim, vós estareis seguros de vencer, a história está do vosso lado" tem discípulos. Quando ele profetiza a vitória inevitável da classe oprimida, porque as estrelas na sua trajetória lutam por eles, isto é tido como agradável à classe oprimida. Marx lhes dá uma esperança inextinguível: "Não tenham nenhum temor; organizai-vos e a vitória será vossa". Os cristãos pensam que isto ocorrerá no outro mundo, mas Marx diz que o fato se produzirá neste aqui. O senhor ouviu falar da bandeirola, em Moscou, sobre a qual se escreveu: "Proletários do mundo, perdoai-nos!" e desta: "Fizemos uma viajem de setenta anos por nada". O senhor não crê verdadeiramente que houve uma mutação radical da esquerda?

Penso que esta mutação é o resultado da bancarrota filosófica do marxismo.

Não somente filosófica mas, sobretudo, econômica, social e política. O senhor ainda conhece líderes capazes de organizar poderosos movimentos comunistas?

Mas eu creio que o comunismo não tem mais "razão de ser".

Tem sim, porque conserva ainda no mundo muitos devotos, na América Latina e provavelmente na Ásia. Mas, historicamente falando, interveio uma reviravolta que ninguém descreveu ainda de modo completo.

QUARTA ENTREVISTA
UMA FILOSOFIA DA LIBERDADE

STEPHEN SPENDER: SESSENTA ANOS DE AMIZADE

RAMIN JAHANBEGLOO – *Li estes dias a autobiografia de seu amigo Stephen Spender,* Mundo no Mundo, *no qual há uma passagem sobre o senhor. Eu cito: "Isaiah Berlin demonstrou interesse pela vida das pessoas, interesse reforçado pela convicção de estar ele próprio desligado das paixões que as animavam. O estudo do comportamento humano era para ele um motivo de fascinação". Continua sendo sempre assim?*

ISAIAH BERLIN – Não. Não penso que isso tenha sido sempre assim. Nos anos 30, vivia na faculdade como um monge, não freqüentava muitos lugares. Porém, observava meus contemporâneos mergulhados em todos os tipos de situações emocionais. Jamais considerei que estivesse totalmente ao abrigo deste gênero de situações de vida, posteriormente pude confirmá-lo.

Stephen Spender disse também: "Berlin era excelente na descrição das pessoas por meio de metáforas". É verdade?

É possível. Não posso lhe afirmar se isto era ou não verdadeiro.

Segundo Spender, ambos compartilhavam de uma paixão real pela música, o que os levava a irem juntos à Salzburg?

Exato. Tínhamos os dois – e ainda temos – uma grande paixão pela música[1].

Ele conta que o senhor alimenta uma grande paixão pelos quartetos de Beethoven, e em primeiro lugar por Fidélio.

Isto é particularmente verdadeiro em relação a ele. É preciso dizer que o pianista Artur Schnabel causou a um e ao outro uma profunda impressão. Ele foi importante para a formação de nosso gosto musical. Tocava em Londres nos anos 30, e assistíamos a todos os seus concertos. Schnabel era um músico maravilhoso. Sua interpretação profunda de Beethoven e de Schubert transformou nossa visão da música clássica[2].

O senhor mesmo faz música?

Não. De nascença tenho um defeito no braço esquerdo, de maneira que não poderia jamais tocar um instrumento musical.

A FINALIDADE DA FILOSOFIA

Agora gostaria de lhe colocar algumas questões sobre os ensaios que publicou em Conceitos e Categorias. *No seu*

---

1. Spender relembra igualmente suas visitas a Isaiah e Aline Berlin em seus *Diários 1939-1983*.
2. Artur Schnabel, austríaco de nascença, fixou-se na Inglaterra em 1933 (há 51 anos) e aí permaneceu até 1939, ano de sua imigração aos Estados Unidos. Suas gravações de Schubert (1932 a 1950) são ainda hoje objeto de referência.

ensaio A Finalidade da Filosofia[3], *o senhor declarou que não existe uma resposta universalmente admitida para a questão: "Qual é o objeto da filosofia?" Pois bem, qual é, segundo sua opinião, a meta da filosofia?*

Penso que o alvo da filosofia seja o de tentar responder questões muito gerais, quero dizer, questões de interesse geral para as quais nenhuma técnica, empírica ou lógica, pode trazer soluções. Quando se está confuso e não se sabe onde procurar para obter respostas, eis o sintoma de que se trata de uma questão filosófica. Se o senhor deseja conhecer a diferença entre o bem e o mal, é inútil mergulhar nas enciclopédias ou em algum livro de referência; a investigação ou o raciocínio lógico não podem tampouco vir em sua ajuda. O filósofo G. E. Moore, de Cambridge, nos dá um exemplo célebre que se considera como um lance de escárnio, tipicamente inglês, mas que a mim me parece uma observação judiciosa. Dizia: "Suponha que pergunte a alguém: 'Onde está a imagem no espelho?' Ele responde: 'Ela está no espelho'. Sim, mas não no sentido onde o vidro está no espelho. Isto faz com que ele fique perplexo e diga: 'Ela está atrás do espelho'. Mas, se o senhor olhar atrás do espelho, não há nada. Ele diz então: 'Ela está sobre o espelho'. Sim, mas não *sobre* no sentido de que se possa colar um selo em cima. Então onde estão as imagens? O senhor não sabe o que responder. Estão elas no espaço? Elas não estão em um espaço físico. Tudo gira em torno da noção secreta de 'em' ".Um problema deste gênero não tem grande profundidade. Mas, se considerar que é absurdo, que este gênero de questão não deveria atormentar nenhuma pessoa séria, então o senhor se interessa pela filosofia.

Tome agora o tempo e o espaço. Suponhamos que uma criança lhe diga: "Eu quero ser Napoleão na batalha de Wagram", o senhor lhe diz: "É impossível". "Por quê?", lhe pergunta ela. Porque ele está morto. "Que diferença isto faz?", insiste ela. Então o senhor lhe diz: "Ora, você sabe,

---

3. "The Purpose of Philosophy" (1962), reimpresso em *Concepts and Categories*.

isso foi há muito tempo. O corpo de Napoleão se decompôs. Você não poderá encontrá-lo". Se a criança é esperta, lhe dirá: "Suponha que reunamos de novo todos os átomos de seu corpo e seu sistema mental; então poderíamos ver Napoleão em Wagram? Por que não?" "Sim, isso é possível de modo empírico". A criança diz a seguir: "Não quero ver Wagram hoje, mas no passado; poderíamos em princípio fazê-lo reviver? Através de alguma nova invenção permitindo associar de novo os átomos e moléculas dispersos?" O senhor fala então: "Você não pode viajar no passado". "Por que não?" pergunta ela. Um positivista lhe diria que viajar é uma péssima metáfora. Tudo o que entendemos por tempo, é "antes", "depois" e "ao mesmo tempo". Uma entidade tal que o tempo no qual você poderia viajar não existe. O senhor utiliza incorretamente a linguagem. A criança lhe pergunta agora: "Se é um problema de linguagem, por que não mudá-la? E então eu poderia ver Napoleão em Wagram?"

Normalmente este gênero de questões são as que deixam as crianças perplexas. Neste estágio, os pais dizem: "não me importune com questões idiotas, vai ver se estou na esquina" ou, como dizemos em inglês, "Vá trepar numa árvore". Estas perguntas idiotas que as crianças são levadas a formular são muitas vezes questões reais que se encontram no íntimo do indivíduo. Se está interessado neste gênero de coisas que não tem significação prática, mas se possui uma curiosidade realmente intelectual, o senhor se dará conta então que existe aí um problema e procurará um método para resolvê-lo. E se eu disser que não posso existir em duas épocas ao mesmo tempo? Por que não? Será devido à natureza do tempo ou à natureza da palavra "tempo"? Todas as formulações metafísicas são traduzíveis em questões sobre a utilização das palavras? Todas as questões não equívocas são verbais? Não existem categorias difundidas da experiência humana? Podemos a princípio responder de maneira completa a todas as verdadeiras questões?

O senhor acha que faz parte da natureza humana apresentar questões filosóficas?

14. Moradia da Dean Street em Londres, onde Karl Marx escreveu *O Capital*.

Bem, acho que as crianças geralmente o fazem. Por vezes acontece, de repente, às pessoas de lhe perguntar: "Pode me dizer se eu deveria deixar de cumprir com meu dever?" ou "Por que alguém deveria obedecer a outra pessoa?" Eis uma questão central da filosofia política. Ora, nós não obtemos a resposta procurando-a nas enciclopédias ou nos dicionários. Existe uma multidão de respostas. Algumas adiantam: porque é isso que Deus nos ordenou a fazer. Outras falam de contrato social. Outras dizem: porque é a vontade da maioria. Alguém falará da certeza intuitiva, kantiana, de certas verdades. Um outro dirá: a vida não pode ter continuidade se cada indivíduo puder mentir – se as pessoas não conseguirem confiar umas nas outras; esta é uma resposta utilitária. Ou ainda: porque minha enfermeira me disse. Muitas respostas foram dadas. Com todas estas respostas, das quais não se sabe muito bem como demonstrar qual é a boa – pois não há técnica reconhecida para isto –, eis que o senhor está realmente em vias de fazer filosofia.

Seria muito interessante saber como o primeiro problema filosófico chegou ao espírito de um homem.

Quem pode dizê-lo? Bem, penso no primeiro capítulo da Gênese na Bíblia, quando Adão ouve dizer que existem uma árvore do conhecimento e uma árvore da vida, e que não se pode comer os frutos, nem de uma nem de outra. É uma enunciação filosófica.

O senhor não acha que existe uma relação entre a liberdade e a investigação filosófica? Eu entendo que não se pode propor questões filosóficas se não se tem a liberdade de pensá-las?

Estou convencido de que todos os homens, em todos os tempos, apresentaram questões fundamentais de caráter filosófico. As questões filosóficas não são de nenhuma maneira produtos de civilizações complexas. Questões as mais simples podem se revelar filosóficas.

Como é possível que, no mundo atual, não coloquemos mais questões filosóficas?

Nós as colocamos. As questões que lembrei podem ser debatidas hoje em Oxford, Harvard ou Estocolmo. Elas não o são na França: a maioria dos filósofos franceses acha realmente que as questões que não têm ligação direta com os problemas mais profundos da vida e da sociedade são de certa maneira derrisórias. Mas os filósofos ingleses e norte-americanos as consideram extremamente sérias. E a história da filosofia é uma outra vertente. Elas estão no cerne da tradição do pensamento ocidental.

Assim sendo, o senhor não está de acordo sobre a perda do valor da filosofia em nosso mundo?

Não. Em países como França, Itália ou Espanha, a filosofia tem a reputação de lhe dizer como viver. Quero afirmar que aí se está interessado pelas filosofias da vida, *Lebens philosophie*. Foi o caso de Kant, Hegel, William James, eles eram realmente hábeis pensadores – a filosofia fez um desvio até Nietzsche, Sartre e, presumo, Heidegger (que não li). Não acho que alguém possa adiantar que o século XX não produziu pensadores de porte. Bertrand Russel foi um grande pensador. Igualmente Husserl e Wittgenstein. Creio que, em domínios tais como a teoria do conhecimento, a lógica e a filosofia do espírito, a filosofia do século XX é superior àquela do XIX. Realizaram-se progressos bem mais importantes. Considero o século XX como um dos períodos de ascenso vertiginoso da filosofia.

O senhor se opõe, portanto, à idéia do "fim da filosofia"?

Absolutamente. Enquanto os homens viverem, a filosofia não conhecerá ponto final.

E, a seu ver, qual é a principal tarefa de um filósofo hoje?

Não acho que os filósofos tenham uma tarefa em especial. Seu dever é fazer filosofia. Seu dever é refletir sobre questões que os interessam, tentar esclarecê-las e se possível encontrar-lhes uma resposta. Não existe uma tarefa particular na filosofia atual. A única questão é, de certa maneira, o mal-entendido relativo à finalidade da filosofia. É como se o senhor me perguntasse qual a tarefa da arte hoje ou o que representa o amor nos dias atuais. Se o senhor me interroga sobre a finalidade da arte, eu lhe direi que a arte não a tem. A finalidade da arte é a arte. Da mesma maneira, a finalidade do amor é o amor. A finalidade da vida é a vida...

E a finalidade da filosofia?

A finalidade da filosofia é a filosofia. A finalidade da filosofia é a busca da verdade filosófica.

Já que fala em verdade, lembro-me que, em seu ensaio sobre As Idéias Políticas no Século XX[4], *o senhor afirma que o ascenso das ideologias totalitárias conduziram a humanidade a um conceito original da verdade, que os séculos precedentes tiveram muita dificuldade em compreender. Poderia explicitar esta idéia?*

O que eu quis dizer é que nos países totalitários as pessoas, em lugar de responder às questões, tentavam impedir que lhas colocassem. Uma maneira de impedir as pessoas de apresentar questões é suprimindo-as. O senhor dá respostas dogmáticas e, se não são aceitas, faz com que elas se calem. Não autoriza as pessoas a interrogá-lo sobre as regras, as opiniões ou as instituições. Faz, dessa forma, desaparecer o hábito de propor questões.

Deste modo, não pode existir filosofia nos países totalitários?

---

4. "Political Ideas in the Twentieth Century" (1950), reimpresso em *Elogio da Liberdade*.

Pode existir, sim. Porém, é muito restrita. Por exemplo, havia na União Soviética trabalhos sobre lógica que eram ligados à matemática porque seria arriscado denominá-los de filosofia. A metafísica existe na União Soviética, mas é muito dogmática e desprovida de espírito crítico. Uma péssima filosofia. Talvez isso mude agora; a filosofia tem mais necessidade da *glasnost* do que qualquer outra disciplina. Mas, a bem dizer, não há uma grande tradição filosófica na Rússia.

Então quer dizer que o senhor faz uma distinção entre boa e má filosofia?

Claro, todos os filósofos fazem-na. O bom e o mau se aplicam toda tentativa humana.

Pluralismo e Democracia

O senhor considera sua própria filosofia como prática. Quero dizer: como podemos desenvolver suas idéias filosóficas em uma possível linha política?

Bom, em política creio que tenho idéias. Não sei se o senhor leu o texto de minha conferência para a entrega do prêmio Agnelli. Uma das minhas convicções é a de que certos valores morais, sociais e políticos estão em conflito. Não consigo conceber um mundo no qual possam estar reconciliados um certo número de valores. Em outras palavras, creio que certos valores essenciais que regem a vida dos homens não podem ser conciliados ou associados, não unicamente por razões práticas mas, por princípio, de modo conceitual. Ninguém pode ser um planejador meticuloso e, ao mesmo tempo, inteiramente espontâneo. O senhor não pode juntar a liberdade total com a igualdade total, com a justiça e a indulgência, com o saber e a felicidade. Se isto for verdadeiro, a idéia de uma solução perfeita dos problemas humanos, das modalidades da existência, não pode existir. O fato não é que uma tal harmonia perfeita seja difícil de construir, devido a dificuldades práticas; porém, por ser conceitualmente incoerente. As soluções utopistas são incoerentes e inconcebíveis. Essas soluções querem conciliar o inconciliável. Mas um certo número de valores humanos não podem ser conciliados porque estão em conflito; é por isso que é preciso existir escolhas. Freqüentemente estas escolhas são penosas. Se o senhor escolher A, fica desolado por perder B. Assim sendo, não podemos evitar de efetuar escolhas entre valores humanos essenciais que são fins em si mesmos. As escolhas são comumente penosas, mas são inevitáveis em qualquer mundo que possamos conceber, permanecendo incompatíveis em sua globalidade os valores incompatíveis. Tudo o que podemos fazer é proceder de modo que tais escolhas não sejam demasiadamente dilacerantes; isto significa que temos necessidade de um gênero de sistema de valores pluralistas, no qual não exista uma situação que possa conduzir os homens a precisar fazer algo que seja contrário a suas mais profundas convicções morais.

Em uma sociedade liberal de tipo pluralista, não se podem evitar os compromissos que se é obrigado a fazer: o pior pode sempre ser evitado através de concessões mútuas. Tanto para isto, tanto para aquilo outro. Que grau de igualdade, que grau de liberdade? Quanto de justiça, quanto de piedade? Quanto de bondade, quanto de verdade? Conhecimento e felicidade nem sempre podem ser conciliáveis. Se o senhor sabe demais, pode ser infeliz. Um homem que sabe que tem um câncer fica infeliz por sabê-lo. A ignorância o torna provavelmente menos livre mas, ao mesmo tempo, mais feliz. Evidentemente, a idéia de qualquer solução definitiva não se mantém de pé. Aqueles que crêem em um possível mundo perfeito, julgarão que nenhum sacrifício poderá ser demasiado grande se ele permitir alcançá-lo. Crêem que se for preciso derramar sangue, ora bem, que seja derramado, pouco importa o sangue de quem nem sua quantidade. Deve-se quebrar os ovos para realizar este supremo omelete. Mas, desde que as pessoas adquiriram o hábito de quebrar os ovos, elas não param mais, daí o sofrimento que geram. Todas as crenças fanáticas em uma possível solução final, quaisquer que sejam os meios para consegui-la, não podem senão conduzir ao sofrimento, ao derramamento de sangue e a uma terrível opressão.

Qual o apoio possível que sua teoria do pluralismo poderia dar ao problema da democracia?

A democracia pode por vezes ser opressiva em relação às minorias e aos indivíduos. A democracia não é necessariamente pluralista, ela pode ser monista: é o caso de uma democracia onde a maioria faz aquilo que quer, pouco importa a crueldade, a injustiça ou o caráter irracional dos meios utilizados. Em uma democracia há sempre a esperança de poder converter a maioria. Mas as democracias sabem ser intolerantes. A democracia não é *ipso facto* plurarista. Creio numa democracia especificamente pluralista, que exige consulta e compromisso, que reconhece as aspirações – os direitos – dos grupos e dos indivíduos, que, salvo em situações de crise extrema, deva não poder rejeitar as decisões democráticas. Benjamin Constant escreveu coisas muito boas sobre o caráter tirânico da democracia no tempo os jacobinos. Constant é um autêntico liberal.

Mas, ao mesmo tempo o senhor parece estar muito próximo de Tocqueville, quando ele advertia que a democracia podia marcar o início de um governo central todo poderoso?

Ah, sim, é certo. Tocqueville era um pensador pessimista, mas há nele muito bom senso. Pleiteava a favor da delegação de poder. Constant e Tocqueville estavam ambos conscientes dos horrores engendrados pelos excessos da Revolução Francesa: toda a teoria política do século XIX (se quiser ser dogmático) é uma tentativa de explicação dos erros da Revolução Francesa. Todas as doutrinas são respostas a isso, e a de Tocqueville o é de maneira bastante clara[5]. É certo que Tocqueville compreende a necessidade da delegação, do pluralismo, da flexibilidade, de estruturas

---

5. *O Antigo Regime e a Revolução*, 1856.

ágeis. Certos Estados conduzidos por déspotas foram mais liberais do que algumas democracias avançadas. Estou seguro de que os prussianos sob Frederico, o Grande dispunham de muito mais liberdade de pensamento ou de ação do que os habitantes da União Soviética, ela que suprimiu toda oposição e crítica. Mesmo a democracia ateniense não dava provas precisamente de tolerância ao acusar Anaxágoras ou Sócrates. A Convenção Nacional era uma assembléia democrática e, no entanto, a Revolução, que não tinha necessidade de sábios, enviou Lavoisier para a guilhotina e deu igualmente origem à morte de Condorcet.

IGUALITARISMO E LIBERDADE

O problema maior com a Revolução Francesa é que ela foi realizada em nome de dois princípios, o da liberdade e o da igualdade, e que resultaram no Terror. O senhor acha que é possível conciliar a igualdade e a liberdade?

Elas podem conciliar-se, é claro, mas o senhor não pode conciliar suas formas extremas. Se existe o máximo de liberdade, o forte pode destruir o fraco, e se existe a igualdade absoluta, não pode haver a liberdade, porque o senhor precisará fazer pressão sobre os lobos para que não comam os cordeiros.

Seu ensaio sobre A Igualdade[6] *me interessa muito, pelo fato de não existirem muitos liberais que escrevem sobre este assunto.*

Eu sei disso.

O que o senhor entende por igualdade?

Bem, é uma questão de ordem geral. A igualdade é sempre específica. Vou lhe dar um exemplo: se o senhor tem dez crianças e gostaria de dar a cada uma um pedaço

---

6. "Equality" (1956), reimpresso em *Concepts and Categories*.

de bolo, dando a uma delas dois pedaços e à seguinte nenhum, sem uma razão válida, estará contrariando o princípio da igualdade. É o que quer dizer a palavra "injusto".

Mas, tradicionalmente, liberalismo e igualdade não são conciliáveis.

Na história ocorre todo tipo de situação. A igualdade total significa a supressão das liberdades dos que são superiores aos outros. Eu lhe dizia que o grande anarquista Bakúnin, que acreditava na igualdade, desejava a supressão das universidades porque elas produziam pessoas intelectualmente superiores, que poderiam tratar os outros com arrogância. Isto é o despotismo do igualitarismo. Nos primeiros anos da União Soviética, certas orquestras decidiram se desembaraçar de seus condutores porque recusavam qualquer autoridade. A liberdade total pode ser atroz, a igualdade total monstruosa.

Por que o senhor acha que a liberdade possui essa qualidade paradoxal particular e que a separação das duas concepções da liberdade seria de natureza a suprimir o paradoxo?

Eu tenho examinado duas concepções da liberdade. Mas há outras mais. Escrevi somente sobre a liberdade política, e não sobre a liberdade em geral. Penso que a liberdade é algo que todo homem supostamente deve desejar, é por isso que toda espécie de coisas boas aparecem por trás desta etiqueta. As pessoas tentam fazer de modo a que a liberdade recubra todas as coisas que elas amam; isso é muito impreciso e fator de terríveis confusões de pensamento.

É esta a razão pela qual o senhor distingue as duas concepções da liberdade?

As pessoas falam de liberdade econômica, de liberdade social, de liberdade política, de liberdade moral, de liberdade metafísica e assim por diante. Ora, tais noções são diferentes umas das outras. Em certas relações elas se as-

15. Wystan Hugh Auden (1907-1973). Ele deixa a Europa em 1939 em companhia de Christopher Isherwood, e torna-se norte-americano em 1946. Isaiah Berlin o conheceu em Oxford por volta de 1930.

semelham, em outras elas diferem. No século XIX, a liberdade significava sobretudo a liberdade social e política. No século XX, a questão se tornou muito mais complexa porque a economia se tornou muito mais complexa, porque o nosso conhecimento da história se aprofundou, de maneira que ninguém mais sabe muito bem o que, exatamente, a palavra liberdade recobre; qual é precisamente a relação da liberdade A com a liberdade B, com a liberdade C, com a liberdade D. O conhecimento não cessou de se acumular e, ao mesmo tempo, sentimos maior dificuldade em dar respostas claras. Eu distingo duas concepções da liberdade, pois, a meu ver, foram todas as duas utilizadas e são diferentes uma da outra. Existem respostas para questões diferentes e as pessoas as confundem. A perversão de uma e de outra teve conseqüências deploráveis, mas uma das duas foi, historicamente, pervertida de maneira mais cruel do que a outra. Creio que a liberdade positiva foi desfigurada de modo mais desastroso do que a liberdade negativa, ainda que não negue que a liberdade negativa pôde ser pervertida em um *laisser-faire* de um gênero extremo que conduz a injustiças e sofrimentos terríveis. Confesso ter estado muito influenciado pelo uso monstruoso da palavra liberdade nos países totalitários. Eles declararam que eram focos de verdadeira liberdade. Isso parece de fato uma caricatura da palavra, e julguei que seria preciso dizer algo a respeito. O que eu disse não teve a felicidade de agradar às pessoas que me criticam à esquerda. Tudo quanto pude escrever constitui, aliás, objeto de ataques dos dois campos, tanto da direita como da esquerda, com igual veemência.

É verdade. Seu ensaio sobre As Duas Concepções da Liberdade *foi atacado pela crítica. Da mesma forma seu ensaio* Da Necessidade Histórica[7]. *O que o instigou a escrever este ensaio?*

7. "Two Concepts of Liberty" (1958) e "Historical Inevitability" (1954), ambos reimpressos em *Elogio da Liberdade*.

Convidaram-me a pronunciar uma conferência em memória de Auguste Comte, sob os auspícios da Igreja Positivista, e pensei em apresentar uma conferência sobre o determinismo histórico. Do meu ponto de vista, quando as pessoas falam "Eu atuo no plano da história" ou "nós deveríamos fazer isto ou aquilo porque a história o exige, porque a classe o exige, porque a nação o exige, porque a estrada que tomamos é uma espécie de *auto strada* em movimento, onde a história, por si mesma nos conduz, de modo que tudo o que se podia apresentar sobre o caminho a seguir deve ser afastado" e se você tem este gênero de disposição de espírito, você acaba fazendo pouco dos direitos do homem e seus valores. É, pois, inteiramente necessário defender a decência elementar contra essa espécie de fé apaixonada e freqüentemente fanática.

É esta a razão pela qual o senhor acha que determinismo e a responsabilidade são incompatíveis?

Eu creio que eles o são. Se a história nos leva a agir deste modo, como poderemos ser pessoalmente responsáveis? Penso que é o *amor fati* de Nietzsche. Se estamos sobre uma escada mecânica cujo sentido não pode ser modificado – e se identificamos nossa razão, nossos objetivos e nossa escolha moral com este movimento –, o que se deve entender por responsabilidade? Creio que existem momentos na história em que os indivíduos ou os grupos podem mudar o rumo das coisas. Não é possível prever tudo. Os homens são agentes livres em limites estreitos. Os limites existem, mas no interior desses limites subsiste um espaço para a escolha. Onde não há escolha, não há a ação humana. Tudo é processo de comportamento. Vou lhe dar um exemplo, creio que se Churchill não tivesse sido primeiro-ministro, os nazistas teriam podido conquistar a Europa. Neste caso a história da Europa teria sido certamente muito diferente do que Marx havia previsto. Se Lênin tivesse sido morto em abril de 1917, não teria havido a revolução bolchevique; talvez uma guerra civil, os liberais e os socialistas contra os monarquistas, mas o regime bolchevista não poderia ter sido construído por nenhuma outra pessoa a não ser Lênin. Trótski não poderia tê-lo feito porque era judeu e porque um ditador judeu era algo de inconcebível. Existem, pois, viradas da história. Acontece, por vezes, quando ocorrem tais viradas, que os indivíduos façam mudar a saída numa ou noutra direção.

Acho que existe uma relação estreita entre sua idéia da liberdade e sua idéia da história.

Bem, ainda que eu seja um pluralista existe, eu receio, uma certa unidade de pensamento. Todas minhas idéias estão ligadas entre si. Não são distintas umas das outras.

Segundo o senhor, a vida não teria sentido se não dispuséssemos da liberdade de realizar escolhas e de nos fixar objetivos.

Sim, mas lembre-se que existem limites. Penso que somos restringidos pela natureza das coisas. Não temos uma grande liberdade de escolha, digamos, um por cento. Mas este um por cento pode fazer toda a diferença.

Quando fala de limites, o senhor pensa nas leis?

Nas leis da natureza, bem entendido, as da física, da química, da geologia, do clima, tudo aquilo de que falava Montesquieu, não as leis humanas. Pode-se mudar as leis; não posso, portanto, lhe dizer facilmente quais são, de modo geral, esses limites. Descreva-me uma determinada situação e as condições prováveis, e eu poderei tentar indicar nela os fatores limitativos.

Voltemos um momento ao conceito de liberdade. O senhor acha que existe aí uma relação necessária entre liberdade e cidadania? Dizendo de outra forma, há necessidade de ser um cidadão para ser livre, como os gregos o pensavam?

Sim, é claro, com exceção dos estóicos e, mais tarde, dos anarquistas que rejeitavam o Estado e, portanto, a cidadania enquanto tal. Os gregos acreditavam nas leis. Heródoto acreditava na *isonomia*, que significa "igualdade diante da lei"; este foi igualmente o caso dos tiranicidas do século I. Isso quer dizer liberdade em face à opressão, em face da regra do arbitrário. Creio nisso igualmente. Na ausência de regras gerais, as pessoas não podem ser protegidas do despotismo ou do caos. A liberdade total em relação às leis, é "evidentemente" a anarquia total. Mas, creio também que a liberdade quer dizer ausência de obstáculos; ou, deve haver aí certos controles, portanto, obstáculos. A palavra liberdade soa para mim como ausência de obstáculos, mas não sou um discípulo de Bakúnin ou de Kropótkin, não preconizo a liberdade anárquica. Penso que na ausência de entraves a paz não é possível, nós nos mataremos uns aos outros. Um homem numa ilha – Robinson Crusoé – está totalmente livre até a chegada de Sexta-Feira. Depois disso, obrigações recíprocas surgem, e vem a tarefa de colocá-las em vigor. Kant tinha razão, como em geral. A ave pode pensar que voaria mais livremente no vácuo: ela não o faria, tombaria. Não existe sociedade sem um mínimo de autoridade que limite a liberdade.

Então o senhor se opõe a Bakúnin quando ele afirma:"Eu só me torno realmente livre através da liberdade dos outros?"

Muita gente disse isso. De uma certa maneira, soa verdadeiro. Isto quer dizer simplesmente que, se certas pessoas não são livres, então a liberdade dos outros estará, em certo grau atingida. Em uma sociedade escravista, os proprietários de escravos não têm a faculdade de se desenvolver como homens livres enquanto possuírem escravos, porque isso corrompe suas vidas. O poder leva realmente à corrupção. Acton tinha razão. A liberdade democrática é indivisível.

O senhor está de acordo com Charles Taylor quando ele qualifica a liberdade negativa de "conceito de oportunidade?"

De uma certa maneira sim. O grau de liberdade negativa quer simplesmente dizer: quantas portas estão abertas para mim, caso deseje ou não transpô-las. Se as denomina "oportunidade", o senhor tem razão, mas a liberdade negativa não é suficiente porque existem outros valores. Sem eles a vida pode não valer a pena ser vivida. Eu sou a última pessoa a negá-lo. A liberdade deve ser contida em função das exigências – a necessidade elementar – de segurança, felicidade, justiça, ordem, solidariedade, paz. Certas formas de liberdade devem ser contidas para permitir que as outras finalidades essenciais da vida tomem seu lugar. Como sempre, é tarefa de certos compromissos dos quais uma sociedade decente tem necessidade.

Assim sendo, como pode funcionar a liberdade negativa?

Funciona porque, sem ela, tem-se a asfixia. A liberdade negativa significa supressão ou ausência dos obstáculos de que não se necessita para satisfazer outros valores humanos fundamentais. Sem certos entraves, se preciso for, *n'en déplaise* (com o devido respeito para com) Godwin, Kropótkin, Élisée Reclus[8], apoiados pela possibilidade de sua imposição, não se pode fruir nem da segurança social ou pessoal, nem da justiça, nem da felicidade, nem do saber. A liberdade negativa é igualmente tal que, sem ela, outros valores também se desmoronam, porque não existe nenhuma oportunidade de colocá-los em prática. Não há oportunidades, não há constelação de valores diferentes e, para terminar, não há vida.

A FILOSOFIA DE OXFORD E O POSITIVISMO

O que é a filosofia de Oxford?

É um movimento específico que deslanchou no fim dos anos 30; estendeu-se, em seguida, depois da guerra e co-

---

8. William Godwin (1756-1836), utopista inglês, pai de Mary Shelley, a segunda mulher do poeta; Pedro Kropótkin (1842-1921), o "príncipe anarquista", cujas memórias *Em Torno de uma Vida* foram publicadas em 1899; o geógrafo Elisée Reclus (1830-1905) foi banido da França após a Comuna, em 1872. Amigo de Kropótkin, foi um dos teóricos do anarquismo comunista.

nheceu um vigoroso desenvolvimento até a morte de seu verdadeiro fundador, em 1960, o filósofo chamado John Austin. Basicamente, a filosofia de Oxford era o estudo dos modos de utilização de diferentes expressões e seu significado, das confusões provocadas por uma identificação errônea ou de distinções de palavras empregadas para serem compreendidas sem nenhuma regra dogmática a fixar sua validade ou sua não-validade; o critério final era a função das palavras provenientes do por que as pessoas as utilizam na vida cotidiana (descritiva, exclamativa, performativa[9] etc.), ou em disciplinas especializadas (científica, legal, religiosa), ou em obras de ficção, e assim por diante[10].

Era principalmente dirigida contra a corrente positivista?

Não. A corrente positivista representava uma modificação radical. Mas era fundamentalmente dirigida contra a idéia de que a linguagem científica constituía o modelo para outros tipos de utilização de palavras porque, como o postulavam os positivistas, a linguagem comum podia sempre, em princípio, ser reduzida a um certo grau de exatidão científica. A filosofia de Oxford se opunha a isso. Ela reconhecia a rica ambigüidade da linguagem, a diferença dos usos verbais, a inevitável ambivalência das palavras, a dependência, ou melhor, os entrelaçamentos das palavras e dos diferentes ângulos de visão da realidade. O exemplo do espelho que empreguei anteriormente é um excelente exemplo da abordagem feita pela filosofia de Oxford. O positivismo lógico não constituía uma resposta. Como eu lhe dizia, a falta de interesse pela ambigüidade da palavra "no", quando

---

9. No enunciado performático, o ato da palavra constitui um ato do mesmo modo que os outros atos humanos (por exemplo: "eu juro", "eu prometo").

10. O trabalho essencial de John Austin *Quando Dizer é Fazer* só foi publicada em 1970. A contribuição de Isaiah Berlin "Austin and the Early Beginnings of Oxford Philosophy" data de 1973 e foi reimpressa em *Impressões Pessoais*.

falamos de uma imagem no espelho, pode conduzir a confusões filosóficas que é possível evitar.

Pode-se dizer que a filosofia de Oxford era sobretudo uma filosofia empírica?

Ah, sim. Começava com o estudo do sentido comum das palavras. Considerava-se que ela dava indicações sobre o gênero de coisas que as pessoas observavam ou nas quais pensavam, e emitia dúvidas sobre a tradução das palavras em uma linguagem mais precisa, obedecendo às regras rígidas impostas pelos positivistas sobre os limites de seus sentidos, e conduzindo, de fato, às explicações errôneas daquilo que as pessoas queriam dizer. Em outros termos, baseava-se na idéia de que a significação das palavras dependia da maneira como eram utilizadas, e não de certas regras a reger a relação das palavras com as coisas.

Eu me lembro que em seu ensaio sobre Austin, quando descreve a atmosfera da filosofia de Oxford, o senhor evoca reuniões e discussões. O senhor tomava parte nestas discussões?

Eu as organizava – era o pequeno grupo particular do qual falei. Nós nos reuníamos em meu quarto. Isto começou em 1936 e prosseguiu até a guerra. Havia um número restrito dentre nós, Austin e Ayer estavam sempre presentes. Depois de 1936, Stuart Hampshire também era assíduo. Igualmente Donald Macnabb, que escreveu um livrinho sobre Hume, e de maneira ocasional, Donald Mackinnon, que se tornou professor de teologia. Nós falávamos e discutíamos. O aborrecido era que, caso chegássemos a nos convencer uns aos outros, achávamos que era suficiente: não havia nenhuma necessidade de falar sobre isso aos outros, ou de publicar. Tudo o que importava era que nós – o pequeno cenáculo – havíamos descoberto algo; o resto do mundo não tinha importância.

Como se explica que o senhor jamais tenha aceito as conclusões do positivismo?

Não tive a formação de um positivista. No início, minha formação foi a de um hegeliano inglês. Insurgi-me con-

16. Iessiênin (1895-1925), poeta russo ao lado de Isadora Duncan.

tra isso, porque não podia compreender a linguagem hegeliana, e na leitura dos hegelianos de Oxford, sentia-me flutuar numa espécie de nevoeiro que realmente não me agradava e que continua a não me agradar; tenho experimentado exatamente a mesma coisa lendo Bergson. Assim é que me tornei o que se denomina um "realista oxfordiano". Isso significava aceitar a abordagem filosófica de pensadores como Bertrand Russell, George Edward Moore[11], Henry Price, Gilbert Ryle[12], e quatro ou cinco outros. Tudo começou na virada do século, com os escritos de um esquecido filósofo de Oxford, dirigidos contra as regras da filosofia hegeliana, bastante dominante, em termos aristotélicos muito secos. Franz Brentano[13] fazia isso em Praga quase na mesma época (foi o professor de Masaryk). Diversos norte-americanos e escandinavos agiam da mesma forma. Era um sadio processo deflacionário, que deixava escapar o ar de numerosos balões filosóficos e veiculava um poderoso sentido da realidade. Acima de tudo, ele insistia na clareza do pensamento e da linguagem e proporcionava um vivo encorajamento depois da retórica metafísica do idealismo. A seguir vem o círculo de Viena e seu discípulo Alfred J. Ayer, os alunos de Rudolf Carnap na América e na Inglaterra, o interesse pela lógica e pelo método científico. Existiam revistas nas quais estes debates se verificavam, reuniões em Londres às quais eu assistia, mas me dava conta de que certas doutrinas não mais me pareciam válidas; por exemplo, a de que o sentido de uma proposição era o meio utilizado para verificá-la. A proposição geral "Todo S iguala P" não me parecia em princípio verificável – falsificável sim, mas como se podem verificar formulações universais em número ilimitado? Não se podem veri-

---

11. George Edward Moore (1873-1958). Autor de *Principia Ethica* (1903), influenciou numerosos escritores ingleses, como Virginia Woolf.
12. Gilbert Ryle (1900-1976), filósofo e lógico que se inscreve na linha de Wittgenstein, autor em 1949 de *A Noção do Espírito*.
13. Franz Brentano (1838-1917) lançou as bases de uma psicologia de tipo já fenomenológico. Por sua noção de intencionalidade, exerceu uma considerável influência sobre Edmund Husserl.

ficar pela observação ou experimentação proposições que fizeram referência a um número infinito de exemplos. A resposta positivista era: muito bem, o senhor não pode verificá-las no sentido literal, mas se considerar a proposição geral "Todo S iguala P" conjuntamente com uma proposição particular, isso pode conduzir a uma outra proposição particular. Por exemplo, tome uma proposição geral: "Todos os homens são mortais" e uma proposição particular: "Sócrates é um homem"; então seguir-se-á que "Sócrates é mortal", este fato poderá ser verificado por sua morte. Mas, daí parece decorrer que as proposições gerais não eram descritivas, como eles o afirmavam. Não são senão instrumentos destinados a extrair uma proposição particular de uma outra. Não creio nisso. Penso que afirmando: "Todo S iguala P", queríamos dizer exatamente isso: "Todos os S igualam os P", qualquer que seja o número dos X, seja ele um número finito ou infinito.

A seguir comecei a ficar intrigado com o que se denominava a "contraproposição", hipóteses não realizadas: "Se o senhor tivesse olhado pela janela, teria visto um homem". Como verificar isto? Eu não olhava pela janela, como pois poderia eu dizer o que teria visto. Tudo o que posso dizer é: "Quem quer que tenha olhado teria visto um homem" ou: "Toda pessoa que olhasse pela janela em determinadas horas teria podido ver este homem". Mas "teria visto" ou "teria podido ver" não são diretamente verificáveis: a ação poderia não ter ocorrido. O princípio do positivismo era: "O sentido de uma proposição é o meio utilizado para verificá-la". Eu considerava e considero sempre que as proposições têm um sentido, se dispomos ou não de meios para verificá-los completamente, e se sua verificação imperfeita não significava que seu sentido era de uma maneira ou de outra imperfeita.

É isto que o senhor tentou expor em seus três ensaios contra o positivismo?

Sim.

Foram estes os seus primeiros ensaios?

Creio que foram meus primeiros ensaios profissionais. Não posso me lembrar exatamente. Acho que o primeiro era um ensaio sobre *Indução e Hipótese*[14], publicado em um dos volumes da Sociedade Aristotélica. A Sociedade Aristotélica é uma sociedade filosófica, não especificamente aristotélica: seu nome é um simples empréstimo tomado de Aristóteles. Ela poderia também ser chamada de platônica, cartesiana, lockeana ou kantiana.

BERGSON, SCHELLING E O ROMANTISMO

O senhor falou acima de Bergson. Ele o influenciou?

De forma alguma. Li *A Evolução Criadora*, mas não fiquei impressionado. Fico desolado em confessá-lo. Isto dito, li dois bons livros de Bergson, o primeiro foi *Ensaio sobre os Dados Imediatos da Consciência*, que é uma peça muito inteligente de psicologia empírica. Se o senhor explica porque uma dor de cabeça é mais violenta do que outra, não poderá dizer que ela é duas vezes mais violenta: é por isso que existe uma distinção muito clara entre amplidões "intensivas" e "extensivas" dos números cardinais e ordinais, que regem nossa linguagem e nossas idéias. A outra obra foi *As Duas Fontes da Moral e da Religião*, seu último livro[15], no qual compara a filosofia kantiana, à qual se opõe, a qualquer coisa que pareceria como imitação da vida dos santos. Este livro me parece interessante – bem melhor do que seus livros mais conhecidos e que exerceram uma maior influência –, mas eu não aceitei nem sua argumentação nem suas conclusões, que me pareceram uma meditação subjetiva, autobiográfica, porém nem rigorosa nem convincente.

---

14. "Induction and Hypothesis" data de 1937. Todos os primeiros artigos de Isaiah Berlin apareceram em 1930 na *Oxford Outlook*, revista intelectual cuja coordenação estava a seu cargo e no qual respondia pela sessão musical, assinando seus artigos com o pseudônimo A. A. A. (Albert Alfred Apricott).

15. De 1932. Publicou ainda em 1934 *O Pensamento e o Movimento*.

O senhor se sente próximo do que denominamos de "filosofia vitalista?"

Não particularmente. Penso que há uma parte de verdade naquilo que dizem. Creio que a filosofia vitalista tem uma certa relação com o romantismo. Tenho estudado bem de perto o romantismo. A meu ver, o vitalismo repousa sobre uma metáfora. A metáfora é que todo pensamento verdadeiro e toda experiência se assemelham a um organismo biológico. Ora isso é, por vezes, verdadeiro e, por vezes, não o é. Como o senhor sabe, o romantismo precedeu à filosofia vitalista. Em Leibniz há certos elementos, mas o romantismo baseia-se na visão segundo a qual não existe natureza imobilizada que a ciência (ou a filosofia) possa estudar, não existe *rerum natura,* existe um crescimento cósmico perpétuo ou o processo de um movimento ou de auto-realização da qual fazemos parte, e toda a tentativa para estancá-la ou analisá-la a matará. Encontra-se muito disso em Bergson, é claro, Bergson era um filósofo super-romântico. Ele nada tem a ver com a filosofia clássica. Sofreu a influência de Ravaisson, e Ravaisson[16], por seu lado, a de Schelling. Em Bergson, não há nada de Descartes, de Malebranche, de Locke, de Kant ou de Renouvier[17].

Bergson é um filósofo bastante antiintelectualista.

Em certa medida sim. Ele acha que o intelectualismo é a análise, e a análise detêm e deforma a verdadeira imagem do fluxo. O vitalismo afirma que se deve explicar as coisas em termos de desenvolvimento ou de crescimento. Mas as raízes reais de Bergson estão na biologia teleológica do século XVIII, com o enorme estímulo, no plano filosófico, de parte de pensadores românticos, tais como Schelling, da filosofia alemã deste período e, igualmente, de Maine de Biran.

---

16. Felix Ravaisson (1813-1900), autor de *O Hábito* (1839) e de um *Ensaio sobre a Metafísica de Aristóteles* (1846).

17. Charles Renouvier (1815-1903). Pertence à escola kantiana francesa do século XIX. Escreveu, notadamente, *A Ciência da Moral* (1869).

17. Isaiah Berlin conversando com o filósofo Stuart Hampshire (à esquerda) e o músico Nicolai Nabokov (à direita). Ele conheceu o primeiro em Oxford por volta de 1936 e o segundo em Washington (onde se encontrou, também, com Auden) em 1943.

Qual é seu pensador favorito dentro da corrente romântica alemã, Novalis, os irmãos Schlegel...?

Novalis disse muitas coisas profundas. Por vezes é louco mas, por vezes, é extraordinário. Friedrich Schlegel é amiude entediante e obscuro, muito embora, existam nele idéias espantosas. Seu irmão August não apresenta para mim nenhum interesse. Era um amigo de Mme. de Staël, creio que foi o tutor de seus filhos e um historiador de literatura bom, ainda que, a meu ver, pouco enriquecedor. Schelling tem passagens maravilhosas. Por vezes, também aí é obscuro; mas há ocasiões em que sai do bosque para uma espécie de clareira, e pode-se então compreender o que diz do gênio, da arte, e é absolutamente magnífico. A estética de Schelling parece-me muitas vezes realmente inspirada[18].

Schelling exerceu uma enorme influência sobre o pensamento europeu do século XIX.

Sim, ele exerceu uma grande influência sobre os franceses. Não sei quem traduziu Schelling para o francês, mas com certeza ele influenciou indiretamente poetas franceses como Nerval, o jovem Théophile Gautier e talvez mesmo Victor Hugo, quem sabe? A metafísica alemã estava em voga graças a Mme de Stael e a Edgar Quinet. A influência se exerceu também sobre os românticos menores como Pétrus Borel[19]. Eles não tinham muito talento, mas eram lidos

---

18. August Schlegel (1767-1845), crítico literário e tradutor de Cervantes, Shakespeare etc.; Novalis (1772-1801), autor dos *Hinos à Noite*, escritos após a morte de sua jovem noiva Sofia; Friedrich Schlegel (1772-1829) autor de *Lucinda* (1799), romance em que se misturam gêneros literários os mais diversos; Friedrich W. von Schelling (1775-1854), autor de *Filosofia da Arte* (1803). Todos os quatro pertenceram ao grupo romântico de Iena, assim como o escritor Ludwig Tieck e seu amigo o poeta Wilhelm Wackenroder – autor de *Efusões Sentimentais de um Monge Amigo das Artes* (1797), que morreu, como Novalis, antes de seu trigésimo aniversário.

19. Baudelaire consagrará um estudo a Pétrus Borel, o *Licantropo* (1809-1859), que apreciava da mesma forma como Aloysius Bertrand. André Breton igualmente prestou homenagem ao humor negro do autor de *Champavert, Contos Imorais* (1833).

e contribuíram para o clima geral das idéias a partir das quais desabrochou o romantismo.

O senhor se sente mais próximo do romantismo alemão do que do romantismo francês?

Interessado por ele, enormemente, mas não próximo. Basicamente o romantismo foi inventado pelos alemães como o resultado da longa humilhação a eles infligida pelos franceses, como uma reação antiiluminista. Goethe teve uma atitude ambivalente em relação a eles: grosso modo, os desprezava. Passados mais de dois milênios, as pessoas acreditavam que cada questão autêntica devia ter uma verdadeira e única resposta. Depois que os românticos levaram a cabo seu trabalho, começou-se a crer que certas respostas não deviam ser descobertas, mas criadas; que os valores morais e políticos não são achados mas produzidos. Não desejo sustentar que seja verdadeiro, mas é no que acreditam certos românticos alemães. E o nacionalismo é um produto disso: houve – e há – homens e mulheres que crêem nisso porque acreditam neste ou naquele ideal, neste modo de vida, porque é alemão; nós, alemães, vivemos esta forma de vida, ela é nossa, nem boa nem má, nem justa nem falsa, mas é a nossa, criada por nossas tradições, nossos antepassados, e é isso que estamos prontos a defender com nossas vidas. Herzen perguntou um dia: "Onde está a canção antes de ser entoada? Onde está o percurso antes que eu o tenha percorrido e avaliado o que ele representa? Em nenhum lugar antes que o tenhamos feito. Antes que o façamos, ele não existe". Acontece o mesmo com os valores, os ideais, os modos de vida – criados e não encontrados. O ato de criação original, por oposição à descoberta e à análise, eis a concepção romântica. Isso entra em contradição com a filosofia – *la philosophia perennis* – dos valores objetivos, ainda que descobertos, que tem predominado de Platão até os positivistas modernos sem ruptura por toda a história ocidental. Esta grande estrutura não foi derrubada, mas largamente fissurada, pelos românticos. Quanto a nós, herdeiros dessas duas tradições, nós oscilamos entre elas e tentamos, em vão, conciliá-las, ou ignorar sua incompatibilidade.

QUINTA ENTREVISTA
IMPRESSÕES PESSOAIS

O PENSAMENTO RUSSO NO SÉCULO XIX

RAMIN JAHANBEGLOO – *Talvez possamos falar dos pensadores russos e da influência que o romantismo alemão exerceu sobre eles.*

ISAIAH BERLIN – Ela não foi profunda. Eles o leram. Mas, se o senhor me interrogar sobre o impacto direto dos românticos, Púchkin, é claro, gostava muito de Byron e dele extraiu uma parte de sua inspiração. Michail Lérmontov sofreu igualmente a influência profunda de Byron, assim como de certos poetas românticos alemães. Todos os dois leram Byron em francês, quase ninguém nesta época, na Rússia, lia fluentemente o inglês. Certamente, alguns liam o alemão. Vassili Jukóvski, que foi o professor de Púchkin, leu Goethe e provavelmente também

Heine[1]. Os intelectuais russos eram discípulos dos alemães já que alguns dentre eles freqüentaram, desde o século XVIII, a Universidade de Göttingen. Eles continuaram a estudar nas universidades alemãs, em particular após a Revolução Francesa; o governo russo pensava realmente que a França era um país perigoso, enquanto a Alemanha era uma reunião de principados politicamente confiáveis.

O senhor poderia citar alguns dos pensadores russos que freqüentaram as universidades alemãs?

Zukóvski[2] esteve em Dunpat, uma universidade alemã na Estônia russa – Lévski, em *Eugênio Oniéguin* de Púchkin, é descrito como possuindo "uma alma de Göttingen", Turguiêniev, Bakúnin, Stankiêvitch[3] vão a Berlim e algures na Alemanha. Por outro lado, também, vários alemães ensinaram nas universidades russas. Mais próximo a nós, Boris Pasternak foi a Marburg estudar a filosofia com o neokantiano Hermann Cohen. O primeiro comissário de Justiça de Lênin fez o mesmo. Os historiadores russos foram profundamente influenciados pela grande escola histórica alemã.

Os intelectuais russos consideravam igualmente Paris como uma Meca intelectual.

Sim, no século XVIII. Mas, no XIX, Paris é a Meca dos pensadores políticos de esquerda: é aí, com efeito, que o senhor pode encontrar Saint-Simon, Fourier, Louis Blanc, Louis Auguste Blanqui, Pierre Leroux, Pierre Joseph Proudhon, Marx e outros mais. Os exilados russos vinham a Paris

---

1. Vassili A. Jukóvski (1783-1852) conhecia Púshkin desde a infância. Leitor da imperatriz, poeta e tradutor, colocou amiúde sua influência a serviço do jovem poeta.
2. Nicolai Zukóvski (1833-1895), revolucionário refugiado em Londres em 1862.
3. Nicolai Stankiêvitch (1813-1840), ligado a Bielinski e a Bakúnin, fez seus estudos de filosofia em Berlim em 1837. Seu nome está associado a um círculo literário e filosófico muito ativo em meados da década de 1830.

porque a capital francesa se encontrava em estado de efervescência política.

Como Hegel e o hegelianismo vieram a dominar o pensamento dos jovens intelectuais russos?

Bem, antes de tudo porque Hegel era um filósofo alemão dominante e a Rússia nesta época era, no plano intelectual, uma província da Alemanha. Na primeira metade do século XIX, as universidades russas se nutriam intelectualmente das correntes germânicas.

Hegel era traduzido em russo?

Sim, certamente. Mas os russos o liam em alemão, Bakúnin lia o alemão, Herzen lia o alemão. Bielinski não o lia, Bakúnin lhe transmitia o ensinamento de Hegel. Discutia-se sem fim a metafísica alemã, em particular a filosofia da história e a ética.

Mas Bakúnin era muito antigermânico.

Mas não anti-hegeliano. Era um hegeliano de esquerda. No plano político é que era antigermânico.

Em suas discussões com Marx, ele nos parece muito antigermânico.

Era o caso. Mas, como o senhor bem sabe, Bakúnin foi o primeiro tradutor de *O Capital* para o russo, unicamente de um volume. Depois do que, aconteceu a desavença, esse caso de chantagem, e Deus sabe do que mais.

E Netchaiev?

Tudo isso é bem anterior a Netchaiev.

NETCHAIEV E O NIILISMO

O que pensa o senhor de Netchaiev?

Ora, ele foi magnificamente descrito por Dostoiévski em seu romance *Os Possessos*. Netchaiev era um tanto quanto perturbado, possuía tendências criminosas, foi um terrorista violento e creio que era um fanático perigoso que fez muito mal à causa da liberação russa. Sem dúvida tinha a coragem de um zelote escrupuloso. Vem-me à lembrança que quando os conjurados foram visitá-lo na prisão, em 1881, informando-o que não dispunham de meios suficientes para ajudá-lo a evadir-se a fim de assassinar o czar, e lhe perguntaram o que desejava que fizessem: "Matar o czar", lhes respondeu, e ele morreu na prisão. Possuía um grande encanto pessoal. Até seus carcereiros da fortaleza Pedro-Paulo foram atraídos pela sua sedução[4].

O senhor considera Netchaiev como o principal representante do niilismo russo?

Não. Ele é um personagem bastante secundário. Quem eram os niilistas? Não existia partido apresentando-se como "niilista". Niilismo não é senão uma palavra utilizada por seus opositores, que os acusavam de negar todos os valores morais. Havia um partido de terroristas revolucionários, jacobinos russos de certo modo, um grupo dos anos 60 que se denominava "O Inferno" (*Ad*, em russo); existia um grupo populista muito mais importante denominado "Terra e Liberdade"; e, no interior desses grupos, diferentes pequenas tendências. Karakasov, membro de "O Inferno", foi o autor de um atentado, em 1866, visando Alexandre II, que veio a ser assassinado quinze anos mais tarde por um membro de um grupo chamado "Vontade do Povo", ligado ao "Terra e Liberdade"[5]. A esquerda radical russa não tinha nome oficial. O grupo ao qual pertencera Dostoiévski, por exemplo, era composto por fourieristas – foram presos em

---

4. Faleceu em 1882, aos 35 anos. Foi em 1869, em Genebra, que redigiu seu *Catecismo Revolucionário*.

5. O atentado de Karakasov aconteceu em abril de 1866; aquele que devia custar a vida do czar em 1º de março de 1881. A fração extremista que o organizou era dirigida por Andrei Jeliabov e Sofia Parovskaia, filha de um governador militar de São Petersburgo.

1849 como membros do que se denominava o "Círculo de Pietrashévski"[6]. Os círculos de Herzen e de Bakúnin não tinham denominação nem organização e, tampouco, programa ou objetivos claros.

TURGUIÊNIEV

É possível estabelecer um paralelo entre Netchaiev e o personagem de Bazárov em Pais e Filhos *de Turguiêniev?*

De forma alguma. Bazárov não é nada netchaieviano... Ele nada tem a ver com o terror e crê apaixonadamente na verdade científica e na conduta racional nela baseada.

Mas ele é niilista.

É assim que está classificado no romance *Pais e Filhos*. Turguiêniev o inventou. Ninguém sabe quem, precisamente, foi o primeiro a utilizar o termo "niilista". Crê-se que nasceu de um escritor chamado Boborikine[7]. Turguiêniev popularizou o termo. Seu único significado é "a rejeição de tudo aquilo que não pode ser provado cientificamente". Isso não quer dizer rejeição de todos os valores. Isso não quer dizer, de forma alguma, recusa completa de todas as crenças da burguesia. Pode-se crer em tudo, com a condição de que seja possível fundamentá-las de maneira racional. O homem que escreveu eloqüentemente sobre esse assunto foi Aleksandr Pisarev. Poder-se-ia dizer que foi o inspirador de Bazárov. Turguiêniev afirma ter admirado Bazárov, mas isso era um lance defensivo contra os ataques desfechados pela esquerda. Os homens que ele conhecia melhor entre aquela gente eram os críticos Nicolai Tchernichévski e Nicolai Dobroliubov. Tchernichévski é o verdadeiro pai do socialismo

---

6. Condenado à morte, Dostoiévski foi agraciado pelo czar Nicolau I, após um simulacro de execução (22 de dezembro de 1849) e enviado à Sibéria. Narra essas vicissitudes em *O Idiota* e em *O Diário de um Escritor*.

7. 1836-1921. Contribuiu especialmente para o jornal liberal *O Mensageiro da Europa*.

populista russo[8]; Lênin teve grande admiração por ele. Era tido como apagado, enfadonho e muito submisso igualmente por Turguiêniev, Tolstói e Dostoiévski. Todos os três falaram dele como de um personagem fatigante, de pouco vôo, de terceira categoria, que não entendia nada da vida ou da literatura. Dobroliubov foi um crítico literário mais vivaz, que fez uma análise do romance de Turguiêniev em um ótimo artigo intitulado "Quando então chegará o verdadeiro dia?"[9]

Como foi que o senhor se decidiu a trabalhar sobre Turguiêniev?

Lendo-o. Pura e simplesmente.

O senhor traduziu Primeiro Amor *de Turguiêniev.*

Também traduzi dois outros textos. Uma novela intitulada *O Fogo no Mar*, bem como *Um Mês no Campo*, que é uma peça recentemente representada no National Theatre de Londres.

Tratou-se de uma encomenda?

Sim. O encenador Peter Hall pediu-me para traduzi-lo. *Primeiro Amor* me foi encomendado pelo editor Hamish Hamilton. *O Fogo no Mar* não foi uma encomenda. Trata-se de uma história que me fascinou, por ser totalmente autobiográfica como é, aliás, *Primeiro Amor*.

Mas talvez o senhor se sinta mais próximo de Pais e Filhos?

---

8. Seu romance *O que Fazer?* Foi composto na prisão em 1863. Terá enorme influência sobre a juventude revolucionária russa.
9. Sobre o romance de Turguiêniev *Na Véspera* (1860). Crítica publicada em *O Contemporâneo*, periódico criado por Púchkin em 1836 e depois dirigido por Nicolai Niekrassov; Dobroliubov nele colaborará de 1855 até a sua morte, em 1861.

Assim o creio. Fiz uma conferência sobre este romance, que foi publicado em seguida[10]. Considero *Pais e Filhos* uma obra-prima política.

Turguiêniev parece ter sofrido muito, como o senhor menciona no ensaio que lhe consagrou.

Sim, Tolstói o julgou superficial. Os revolucionários consideravam que ele não se posicionava suficientemente à esquerda. Os reacionários tomavam-no por um vil radical. Ele nunca pertenceu a partido algum.

Como explicar o fato de ele permanecer completamente desconhecido enquanto pensador político russo?

Ele é um romancista e um ensaísta, e não um pensador político. É tipicamente um liberal evolucionista do tipo ocidental. Suas idéias não eram muito originais, foi um romancista maravilhoso, extremamente sensível, inteligente, irônico, realista, um homem muito atraente, mas não muito corajoso. Não foi um pensador político mais do que, digamos, Sainte-Beuve.

O senhor nota em seu ensaio que "por temperamento, Turguiêniev não possuía a cabeça política e que com freqüencia ele foi qualificado esteta puro e adepto da arte pela arte".

Isso foi verdade tanto durante sua vida como depois. Mas, na realidade, a maioria de seus romances se debruça muito de perto sobre os conflitos existentes na Rússia. Os escritores franceses julgavam que ele era um escritor refinado. Flaubert lhe deu sua reputação de esteta. Henry James partilhava desse ponto de vista e o adorava. É um esteta e um estilista maravilhoso. É o melhor estilista russo depois de Púchkin. Mas, naturalmente, nenhum russo honesto do século XIX podia

---

10. "Fathers and Children: Turgenev and the Liberal Predicament" (1972), reimpresso em *Os Pensadores Russos*. A tradução de *Primeiro Amor* por Isaiah Berlin data de 1950 (Penguin, 1977).

deixar de sentir-se chocado com o regime; e, se o senhor fosse escritor, sentiria o dever de dizer essas coisas publicamente. Bielinski, que foi um pensador moral e social, era teoricamente apenas um crítico literário. Exerceu uma influência bastante considerável sobre Herzen e Turguiêniev, uma influência relativa sobre Dostoiévski e muito fraca sobre Tolstói.

O senhor estabelece um paralelo em seu ensaio entre Herder e Turguiêniev, afirmando que "Turguiêniev possuía em altíssimo grau aquilo que Herder denominava Einfuhlen *(empatia)".*

Sim. Turguiêniev tinha essa empatia porque compreendia os camponeses, por exemplo, bem melhor do que Tolstói. Os camponeses de Tolstói são personagens que desempenham papéis idealizados. Os camponeses de Turguiêniev são absolutamente autênticos. Provavelmente Tolstói, por este motivo, tinha um pouco de ciúme. Em uma carta, Turguiêniev conta: "Tive um sonho estranho. Sonhei que estava sentado na varanda de minha *datcha* e, de repente, meus camponeses vieram me ver e disseram: 'Senhor, viemos prendê-lo; mas não há pressa se quiser antes dizer suas preces, nós lhe rogamos, faça-as' ". É realmente típico dos camponeses de Turguiêniev, o camponês totalmente honesto, bom, antes de tudo amável, apresentando-se oficialmente para prender o amo; Tolstói jamais teria permitido isso.

Como o senhor encara Bazárov? Considera-o como o primeiro bolchevique?

Sim. É um extremista, rejeita o conjunto da cultura e da literatura burguesa, que considera sem valor. A única coisa que vale a pena a seus olhos é o materialismo científico, que nos diz como modelar nossa vida de acordo com aquilo que a ciência nos ensina a respeito da natureza na qual vivemos. Ele rejeita o esteticismo, o idealismo, o liberalismo, o pluralismo de opiniões – um autêntico fanatismo social, tipicamente característico do partido bolchevique.

Ou de um anarquista.

Não. Os anarquistas não são intolerantes. Eles não se opõem aos artistas. Eles se opõem à autoridade e ao Estado mas, certamente não às diferentes expressões da imaginação e da literatura. A vida, o pensamento, as emoções devem permanecer livres.

Mas o que o senhor dizia ontem da vontade de Bakúninde destruir as universidades é uma forma de intolerância e de fanatismo. Não acha?

Por certo. Mas esse não é o modelo da doutrina anarquista. Trata-se, neste caso, de Bakúnin.

Assim, para o senhor, Bazárov como personagem não está mais próximo de Bakúnin ou de Netchaiev?

Não. Netchaiev é extremamente pervertido. É um terrível mentiroso, um manipulador totalmente sem escrúpulos. Disse à Bakúnin que existia um poderoso movimento pró-Bakúnin na Rússia, quando nada disso havia, e lhe indicou como tais pessoas estavam organizadas; Bakúnin ficou vivamente estimulado e agiu em conformidade aos relatos. A esse respeito poderá ler o excelente livro, escrito em francês, intitulado *Violência na Violência*, de Michael Confino, um notável eslavólogo de Israel.

Como explicar que Turguiêniev acabou ficando também fascinado pelo personagem de Bazárov?

Turguiêniev queria compreender os jovens, toda a sua vida desejou compreender o que as pessoas jovens sentiam. Desejava ser amado por eles. Detestava os reacionários e sentia fascínio por aqueles que se lhes opunham – os Bazárov –, aqueles a quem chamava "os homens dos anos 60", iam demasiado longe, mas queria ser amado por eles, ganhar sua simpatia. Para ele, Bazárov representava a reação contra sua própria geração, os liberais dos anos 40. Esses homens assustavam Turguiêniev mas, ao mesmo tempo, o fascinavam.

18. Boris Pasternak (1890-1960). Isaiah Berlin o encontrou pela primeira vez em Moscou no outono de 1945.

Devemos estabelecer um paralelo entre a figura de Bazárov e um dos personagens dos Possessos *de Dostoiévski?*

Não, porque Dostoiévski realmente detestava os radicais. Ele próprio fora um deles, lembre-se, antes de 1849. De toda maneira, começou a considerar que essas pessoas eram espécies de materialistas destrutivos que trabalhavam contra a salvação do homem pela fé cristã, uma força de Satã. Quando ouviu falar do caso no qual Netchaiev estava implicado, de assassinato de um homem de seu próprio partido[11], teve a convicção de que é para isto que se conduziam os revolucionários. *Os Possessos* são uma referência ao Novo Testamento, o Cristo instala aí uma possessão diabólica entre os porcos do país dos gerasênios e os porcos se afogam. É o texto do qual Dostoiévski tomou de empréstimo o conceito de "demônios". Os demônios estavam destinados a entrar nos porcos; achava, do mesmo modo que os revolucionários corrompem as pessoas comuns com essa loucura satânica até que, também, elas se autodestroem. Para Dostoiévski, a revolução significava autodestruição e Netchaiev era o exemplo extremo daquilo a que uma mentalidade revolucionária podia conduzir, às mentiras, ao assassinato, ao pecado contra o Espírito-Santo, a uma completa desumanização.

O senhor não acha que Dostoiévski é uma espécie de profeta, quando prediz, à sua maneira, a chegada da Revolução Russa e do stalinismo?

Sim. Estou convencido de que ele teria reagido da mesma maneira que Soljenítsin o faz hoje. Soljenítsin crê parecer-se a Tolstói, mas ele se parece bem mais a Dostoiévski.

Por que Dostoiévski denunciou Turguiêniev?

---

11. Em setembro de 1869. Foi detido na Suíça e daí extraditado em 1872; foi condenado à prisão perpétua em 1873 na fortaleza Pedro-Paulo.

Porque pensava que ele era um ocidentalista e um traidor das aspirações da alma russa. Ele o disse a Turguêniev em Baden-Baden. Turguêniev era um liberal, ao passo que a salvação, para Dostoiévski, se encontrava na santa Rússia, e somente nela.

Como é possível que o senhor jamais tenha escrito sobre Dostoiévski?

Creio que é um grande gênio, mas não acho sua filosofia de vida muito simpática; ela é para mim demasiadamente religiosa, demasiadamente clerical. Aliás, quando leio Dostoiévski, sinto-me desmoralizado – ele pode nos dominar totalmente. Nos encontramos repentinamente em um pesadelo, nosso próprio mundo se torna obsessivo, se transforma em algo sinistro, a gente quer escapar dele. Não tenho gana de escrever a este respeito. É muito forte, muito sombrio, terrificante para mim. É uma espécie de cristianismo muito negro, em que a santidade ladeia a loucura.

Como Kafka?

Não, Kafka é bem mais simpático. Kafka é mais realista. Em Kafka, tudo é descrito com uma certa ironia e os objetos são inteiramente naturais. Dostoiévski parece uma lupa. Se você mantêm uma lupa em cima de uma folha de papel na luz, o papel queima ligeiramente. É isso o que Dostoiévski faz com a realidade. A luz é tão viva que queima. Um crítico chamado Mikailóvski afirmou ser verdade. Chamava Dostoiévski de "um talento cruel". É demasiado brutal, como D. H. Lawrence ou Knut Hamsun.

Ainda assim é a luz do gênio.

Não, o fogo. A realidade fica deformada.

O senhor está de acordo com Serguei Bulgakov quando ele afirma que Dostoiévski exprimiu, por meio de seus romances, o sofrimento moral e a doença de consciência da intelligentsia *russa?*

Não, não estou de acordo. Por que estou do lado da *intelligentsia* russa em oposição a Bulgakov. Ele próprio fazia parte dela, mas se converteu. Afirmou isso depois de se tornar padre. Após a Revolução de 1905, aqueles que procuravam a salvação espiritual achavam que a *intelligentsia* russa havia tomado um caminho errado. Para eles, 1905 constituía uma derrota. Foram primeiro para a esquerda, depois viraram brutalmente para direita, contra toda reforma radical, recolheram-se em si mesmos, à procura de uma transformação individual.

Berdiaev também se modificou?

Sim.

E Chéstov?

Nunca me encontrei com Chéstov, mas tenho uma grande admiração por ele. Berdiaev é um homem extremamente inteligente, e quando escreve sobre as origens do comunismo manifesta grande perspicácia; porém seus escritos teológicos não são do gênero de coisas que eu compreenda[12]. Bom, o que quero dizer é que não tenho um espírito teológico. Quanto a Chéstov, acho que é um escritor maravilhoso. Chéstov tem um espírito livre. É pluralista, não está preso por um dogmatismo filosófico. É um homem muito sensível, ele não exagera.

O senhor o conheceu?

Não. Não o conheci em vida. Eu o descobri após sua morte[13]. Seu verdadeiro nome era Chvartsman. Um judeu

---

12. Nicolai Berdiaev (1874-1948) foi expulso da Rússia em 1922 e se fixou em Paris. Contrariamente aos seus compatriotas no exílio, jamais condenou o novo regime na URSS. Ele é, notadamente, o autor de *Cinco Meditações sobre a Existência*, 1936, *As Fontes e o Sentido do Comunismo Russo*, 1938, *O Espírito de Dostoiévski*, 1946.

13. Leão Chéstov, nascido em Kiev como Berdiaev, morreu em Paris em 1938. São de sua autoria, em especial, *Dostoiévski e Nietzsche* (1903), *A Filosofia da Tragédia* (1927), *Kierkegaard e a Filosofia Existencial* (1936).

russo que jamais se converteu, apesar de ter se aproximado da Igreja Ortodoxa, para não dar desgosto ao pai. Lê-se Chestov na França?

Não é um autor muito conhecido. Provavelmente porque seus livros foram traduzidos há muito tempo e pelo fato de não serem encontrados facilmente nas livrarias.

Que pena! Foi traduzido para o inglês mas a tradução, tampouco, é muito recente. Cada vez que ofereço livros de Chéstov a alguém, a pessoa fica encantada. Há dois autores cuja promoção eu assumo: um é Herzen, o outro é Chéstov. Todos os dois eram seres humanos totalmente respeitáveis. Dostoiévski não o é.

ALEKSANDR HERZEN

Falando de Herzen, por que o senhor acha que Herzen permanece um pensador desconhecido?

Porque ele não foi traduzido. A autobiografia de Herzen foi vertida para o francês há seis anos mais ou menos. Foi traduzida para o inglês antes da guerra, mas pouca gente a leu. Presentemente, foi editada em quatro belos volumes. Escrevi a introdução. Penso que Herzen é lido por um bom público, mas não muito grande, não ao nível de Tchékhov ou de um Turguiêniev. Os ingleses nunca foram muito apressados em acolher escritores estrangeiros.

Que influência Herzen exerceu sobre o pensamento político russo?

Bem, não há acordo neste ponto. Nos Estados Unidos acaba de aparecer um livro sobre este assunto, mas eu não o li. Para começar, Herzen[14] é um dos pais do radicalismo

---

14. Aleksandr Herzen, nasceu em Moscou em 1812, morreu em Paris em 1870. Berlin escreveu em 1955 "Herzen and Bakunin on Individual Liberty" e "Herzen and the Grand Inquisition", reimpressos em *Os Pensado-*

russo e do socialismo agrário. Foi o mais conhecido dos emigrados políticos russos, e lançou em Londres a primeira publicação revolucionária dirigida contra o governo czarista; encontrou liberais célebres como Michelet, Hugo, Mazzini, Garibaldi, que o respeitavam. Foi assim que se fez conhecer no Ocidente a idéia segundo a qual na Rússia não existia um despotismo imóvel, mas que havia no seu interior um movimento favorável a uma sociedade mais livre. Michelet era anti-russo, era pró-polonês. Temos uma carta de Herzen a Michelet, explicando que a cultura na Rússia não era uma cultura bárbara. Herzen é importante porque é o verdadeiro pai do radicalismo russo. O primeiro grupo socialista é aquele do qual o jovem Dostoiévski fazia parte. A idéia de que este grupo – o grupo Pietrashévski – não passava de um grupúsculo de estudantes dissidentes é errônea: eles tinham um programa socialista bastante completo, que exerceu grande influência. Tchernichévski, por exemplo, foi influenciado por ele, do mesmo modo o célebre satirista Saltikov-Chtchedrine[15]. Mas Herzen era infinitamente mais dotado do que os outros, e é por isso que – como o admite Lênin – foi o fundador da agitação pública antimonarquista russa. Por volta dos anos de 1860, os esquerdistas russos o julgaram moderado demais, liberal demais, não suficientemente feroz mas, no entanto, foi ele quem os arrastou. Foi o primeiro homem a prestar homenagem aos decembristas[16] como combatentes pela liberdade, e foi o amigo e o aliado dos revolucionários italianos e franceses, Proudhon, Louis Blanc, Mazzini. Representava para eles a voz da Rússia. Seus periódicos publicados em Londres (*A Estrela Polar, O Sino* etc.) eram os *samizdat* da época e encorajaram na Rússia, junto a outros escritos proibidos, o movimento revolucionário. Tornou-se um íco-

---

res Russos e, em 1968, uma introdução às Memórias de Herzen, reimpressa em *Na Contra-Corrente* sob o título "Herzen and his Memoirs".

15. 1826-1889. Autor de *A Família Golovlev* (1880), romance que coloca em cena uma família de nobres camponeses estreitos e brutais.

16. Revolucionários que tomaram parte no levante de dezembro de 1825 em São Petersburgo, quando da ascensão ao trono de Nicolau I.

ne, totalmente venerado na União Soviética, embora, paradoxalmente, ele se tenha oposto violentamente ao comunismo e, em particular, haja detestado e desprezado o marxismo. Na verdade, Marx recusou-se a comparecer a um banquete em prol da Polônia oprimida devido à presença de Herzen. Marx alimentou um desdém considerável pelos eslavos até o fim de sua vida, período em que se tornou ligeiramente mais brando.

O senhor crê que Herzen pertencia aquele tipo de homens que vivem na proximidade da fronteira que separa o antigo do novo?

Sim. Herzen afirmava: "Nós éramos uma espécie de Jano". Nos salões de Moscou ele encontrou eslavófilos e permaneceu em contato com eles; a seu respeito declarou: "Alguns lançaram o olhar em direção ao Ocidente e outros para seu passado eslavo, mas nós pertencíamos a um mesmo ser, qual Jano"[17].

Como o senhor assinala em seu ensaio, Herzen empenhou-se em deixar algo memorável em seu próprio favor e de seu país.

Ele era certamente ambicioso, e Bielinski o encorajou. Neste período, Bielinski era um renomado crítico radical – morreu em 1848 –, e depois de haver lido o romance de Herzen, *De Quem é a Culpa?*, disse-lhe que ele permaneceria não só na história da literatura russa como na história da Rússia. Isso se demonstrou correto. Os romances de Herzen não são absolutamente de primeiro nível, mas são muito instrutivos no plano político e tiveram grande alcance.

Como julga o senhor Passado e Meditações *de Herzen?*

Passado e Meditações é uma obra de gênio. Contém as memórias mais maravilhosas de todo o século XIX, cer-

---

17. Deus de Roma, representado por duas faces opostas, que se encontra nas antigas moedas romanas do século III a.C.

tamente as melhores desde Rousseau, e creio mesmo que melhores do que as de Rousseau. *Passado e Meditações* de Herzen é uma obra-prima incomparável.

Herzen parece igualmente influenciado por Hegel.

Nessa época todos os estudantes das universidades de Moscou e de São Petersburgo eram influenciados por Hegel. Não creio que esses russos se davam conta do quanto Hegel era reacionário, com exceção de Bielinski, que o sabia, ainda que os marxistas russos não partilhem desse ponto de vista. Consideram Bielinski um grande homem; se ele se opôs a Hegel era porque devia tê-lo mal compreendido. Não foi o caso; na verdade, ele o compreendeu muito bem. Leu Hegel em russo ou em francês – Bielinski não conhecia o alemão.

Por que o senhor acha que Herzen escreveu Passado e Meditações*? Proponho-lhe esta pergunta porque, na minha opinião, esse livro não está comprometido com nenhuma tese.*

Escreveu-o em boa parte para conjurar sua desgraça. Sua mulher se fora com um poeta alemão chamado Georg Herwegh, um amigo de Marx e de Wagner; Herzen o tomou por um sedutor desavergonhado e sentiu-se terrivelmente aflito. Pouco tempo depois ela voltou para ele, mas morreu[18]. Sua mãe e um de seus filhos pereceram afogados num naufrágio a caminho de Nice, onde ele os esperava[19]. O ano de 1850-1851 foi, por tudo isso, um ano particularmente negro em sua vida. Em parte para aliviar o coração, começou a redigir seu diário e o prosseguiu durante anos. Pôr as coisas sobre o papel contribuiu, por vezes, para torná-los mais suportáveis. Foi um escritor espantosamente dotado, e uma personalidade de primeira ordem. Mesmo pessoas extremamente críticas como Edmond de Goncourt fi-

---

18. Em 1852.
19. Naufrágio do *Ville de Grasse*, novembro de 1851.

caram impressionadas por ele quando o encontraram em um salão de Paris alguns anos mais tarde. Foi um homem de uma vitalidade, um charme e de uma coragem prodigiosos.

E o senhor considera que Herzen seja a origem da forte tradição de humanismo libertário no socialismo russo que conheceu sua derrota em 1917?

Sim. Apesar de ele ser, como lhe dizia, um santo comunista oficial.

Por essa razão é que continuou a ser lido pelos russos após 1917?

Oh, sim. Antes de 1905 ele era censurado na Rússia. Herzen publicou parte de seus panfletos em alemão, parte em francês. A primeira edição russa de suas Memórias saiu em 1905, durante a Primeira Revolução Russa, depois do que, creio, tornaram a censurá-lo.

Em seu ensaio sobre Herzen, o senhor estabelece um paralelo entre Bakúnin e ele, especificando que um e outro colocavam a idéia da liberdade individual no centro de seu pensamento. Acho, porém, que existiam enormes diferenças entre estes dois homens?

Sim, é claro, e Herzen o sabia. Mas Herzen apreciava Bakúnin num plano pessoal[20]. Ignorava que Bakúnin endereçara sua célebre "Confissão ao Czar", quero falar desta carta ao czar, escrita na prisão, na qual negava e renegava tudo – um texto realmente servil (que não lhe prestou nenhuma ajuda) –, e que foi publicado somente em 1923. Mas no que concerne ao ideal da liberdade individual, Bakúnin ia muito mais longe. Herzen não acreditava em golpes, uma

---

20. Eles tinham uma diferença de dois anos, praticamente a mesma idade. Encontraram-se na primavera de 1840. Herzen deu ajuda financeira a Bakúnin para que ele realizasse sua viagem à Berlim. Foi o começo de uma longa amizade de trinta anos. Em julho de 1869, alguns meses antes de sua morte, Herzen escrevia: "(Bakúnin) tem alguns pequenos defeitos mas imensos méritos..."

verdadeira revolução não pode ter êxito sem passar antes por um processo preparatório e uma formação. Um golpe prematuro seria a garantia de que todos os vícios do antigo regime reapareceriam, por si mesmos, sob uma forma ou outra no novo regime. Ele escreveu um dia – cito de memória – que não se pode construir uma casa para homens livres com os tijolos de uma prisão. Em uma carta pessoal a Bakúnin, Herzen lhe expressa que os métodos de Átila, o "petrogradismo", não darão certo. Ele queria dizer, com isso, que desencadear uma revolução antes de as pessoas estarem preparadas, e antes de elas terem aprendido a viver em liberdade, significa que guardarão os velhos hábitos de prisioneiros e que não haverá nenhum progresso.

É esta a razão pela qual o senhor acha que Herzen está muito próximo de John Stuart Mill ou de Tocqueville?

Até um certo ponto, mas não inteiramente. Ele não apreciava Tocqueville. Tocqueville teve para com ele um comportamento desagradável. Em 1848, Herzen veio para um encontro político em Paris, foi detido pela polícia e conduzido ao comissariado. No caminho, encontrou Tocqueville, que na época era ministro dos Negócios Estrangeiros da Segunda República[21]. Solicitou a Tocqueville que o identificasse e mandasse libertá-lo. Escreveu que Tocqueville lhe retorquiu: "Temo que não haja relação entre o poder judiciário e o executivo. Há uma separação total entre estes dois poderes, nada posso fazer pelo senhor". Naturalmente Herzen não achou nada boa essa reação. Tocqueville era um homem insensível. Não queria ter o menor contato com um obscuro revolucionário russo.

Mesmo assim é surpreendente, pois Tocqueville é um severo crítico do poder burocrático.

21. Deputado (liberal) da Mancha, Tocqueville será ministro em 1849 e renunciará à vida política depois de 2 de dezembro de 1851.

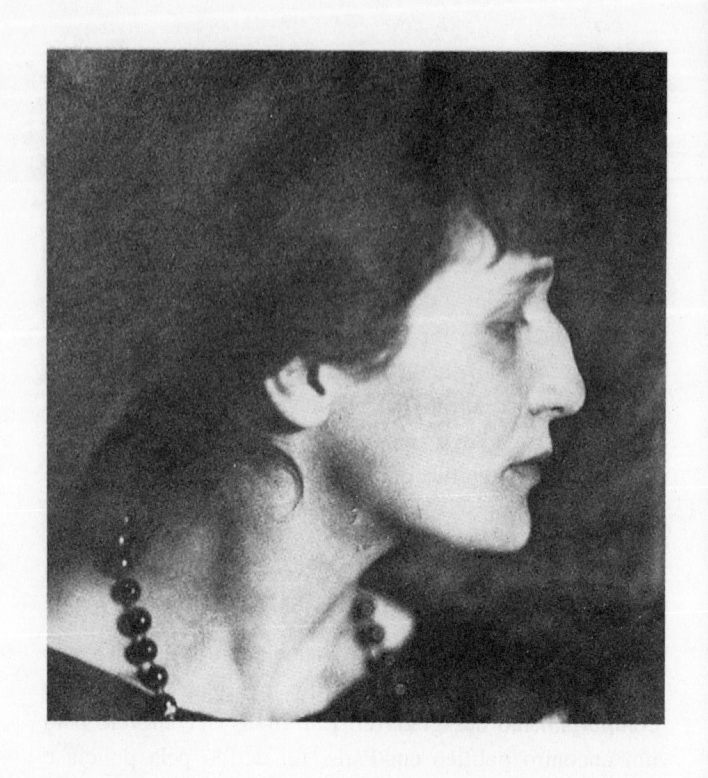

19. Ana Akhmátova (1889-1966) aos 25 anos. "Meu encontro com Akhmátova permanece uma das minhas mais fortes lembranças, talvez a mais forte, de minha vida."

Tocqueville era extremamente prudente. Pergunto-me se Tocqueville teria resistido aos nazistas durante a guerra. Talvez não fosse a ponto de colaborar, mas não penso que iria aderir à Resistência. Herzen, por sua vez, certamente haveria de fazê-lo.

Herzen é um pensador mais romântico do que Tocqueville.

Era simplesmente mais corajoso. Sempre se batera por suas convicções.

Por que acha que Herzen se voltou para o Ocidente, em vez de ser um eslavófilo?

Por considerar que os eslavófilos trilhavam um falso caminho. O Ocidente não empregava servos, o Ocidente estava no caminho da democracia, a vida ocidental era evidentemente muito mais livre, a dignidade pessoal era aí respeitada enquanto ela não o era na Rússia. A maioria dos russos honestos com senso da dignidade humana e com desejo de ajudar os oprimidos inclinava-se para o Ocidente; mesmos os eslavófilos se opunham à burocracia russa e ao controle do aparelho de Estado por Nicolau I; eram favoráveis a uma espécie de teocracia livre, que é algo utópico, mas assim mesmo diferente. Herzen voltou-se para o Ocidente principalmente porque na Rússia reinavam o barbarismo, a escravatura, a opressão, a ignorância, a censura e o chicote. Batia-se violentamente e elas eram enviadas para a Sibéria, o que não acontecia no Ocidente.

Qual foi o impacto da controvérsia entre ocidentalistas e eslavófilos na literatura russa?

O principal poeta eslavófilo é Apolon Griegoriev. O grande Gógol estava próximo dos eslavófilos. Não era um deles mas alguns dentre eles o apreciavam. Por ser piedoso e de direita. Dostoiévski e Leskov eram companheiros de viagem de um gênero particular. Houve um grande poeta eslavófilo, Tiutchev, provavelmente o maior poeta russo depois de Púchkin. Diplomata de profissão serviu em Munique e Turim. É um maravilhoso poeta metafísico. Tinha simpatias eslavófilas, mas comumente não é classificado entre eles[22].

Qual foi, portanto, o impacto das idéias ocidentais na Rússia dos anos de 1840?

Bem, no plano filosófico, extremamente poderoso. Os filósofos franceses e alemães exerceram forte impacto sobre a vida universitária e intelectual russa. Kant, Fichte, Hegel, Schelling, Saint-Simon e Fourier eram muito conhecidos. Nos anos de 1820, as universidades russas ensinavam a metafísica alemã, depois tiveram de fechar-lhes as portas, porque a Igreja e o governo consideravam tais filósofos – na realidade todos os filósofos – como perigosos. Mas ainda se ensinava a filosofia sob uma capa. Um filósofo chamado Pávlov que pretendia ser biólogo começava suas conferências declarando: "Os senhores desejam conhecer a natureza. Mas o que é o conhecimento? E o que é a natureza?" Depois empreendia uma explicação sobre Schelling.

Quais foram as origens do movimento intelectual russo?

Pode-se dizer que ele deslanchou por volta do fim do século XVIII, mais ou menos sob o reinado de Catarina II, a Grande (1762-1796), quando Diderot, Voltaire e Maupertuis estavam em moda. Um grupinho menor de russos iluministas tentou reformar a educação dos jovens bem nascidos e, por vezes, dos filhos dos padres e outros. A verdadeira *intelligentsia* nasceu em algum lugar no século XIX após a invasão napoleônica, quando os oficiais russos marcharam vitoriosamente sobre Paris e ficaram extremamente impressionados pelo que – comparada à sua – lhes parecia uma sociedade liberal e esclarecida. É o período no qual as idéias do exterior começaram a penetrar na Rússia em volume crescente, primeiro nos círculos aristocráticos – Púchkin e

22. 1803-1873. Admirado por Turguiêniev, foi revelado ao público por volta de 1850 pelo jornalista e poeta Niekrassov.

seus amigos – e, um pouco mais tardiamente, no meio de gente mais modesta. As autoridades fizeram esforços para restringir ou impedir a circulação dessas idéias, na verdade, de todas as idéias, mas o processo prosseguiu; de maneira sistemática, as doutrinas ocidentais entraram sub-repticiamente em São Petersburgo e provocaram uma formidável efervescência intelectual (mas também moral e política).

INTELLIGENTSIA E INTELECTUAIS

Como o senhor nos disse, a palavra intelligentsia *é uma palavra russa, mas sua invenção data desta época?*

É uma palavra russa. Alguns poloneses pretendem tê-la inventado, mas é um termo russo, que só apareceu na década de 1870. Até então, ninguém invocava a *intelligentsia* sob esta denominação. Portanto, a palavra foi inventada bem mais tardiamente para descrever um fenômeno existente há quase meio século[23].

Qual é a diferença entre o conceito de intelligentsia *e o de "intelectual"?*

Os intelectuais são pessoas que somente se interessam por idéias, desejam idéias que sejam tão interessantes quanto possíveis, da mesma forma que os estetas são pessoas que querem que as coisas sejam tão belas quanto possíveis. Historicamente falando, a *intelligentsia* é constituída de individualidades unidas em torno de certas idéias sociais, que crêem no progresso, na razão, que rejeitam o tradicionalismo, acreditam nos métodos científicos, na crítica livre, na liberdade intelectual; em resumo, se opõem à reação, ao obscurantismo, à Igreja, ao Estado autoritário e se vêem como companheiros de combate por uma causa comum – em última análise, os direitos do homem e uma ordem so-

---

23. "The Bird of the Russian Intelligentsia" (1955), reimpresso em *Os Pensadores Russos*.

cial decente. Um deles escrevendo, na década de 1860, os apresentava como uma espécie de ordem de cavaleiros ligados por um juramento, campeões de um ideal arriscado. Pode-se dizer que os *philosophes* de Paris do século XVIII constituíam uma *intelligentsia* na medida em que Diderot, Holbach, Helvétius e Condorcet possuíam o sentido de uma fraternidade intelectual e moral: eles se conheciam entre si, haviam debatido as mesmas idéias, partilhavam de uma posição comum, eram perseguidos pelas mesmas pessoas, sendo seus inimigos a Igreja, o Estado autoritário – o *infâme* que tentavam abolir –, e sentiam-se como combatentes das luzes. A *intelligentsia* está assentada sobre a fé nas luzes, que devem ser promovidas contra seus inimigos. Eis por que a *intelligentsia*, como formação sólida, tem mais probabilidade de aparecer lá onde existe uma Igreja poderosa e reacionária, por exemplo, o catolicismo romano ou a Igreja ortodoxa. Daí a *intelligentsia* na França, na Itália, na Espanha, na Rússia. Não existe verdadeira *intelligentsia* na Noruega ou na Inglaterra. As igrejas protestantes não constituem uma ameaça para as idéias liberais e progressistas.

Mas o senhor tem, aí, intelectuais?

Sim, certamente, e radicais etc. Não é a mesma coisa. Não existe o sentido de solidariedade, de formação de combate, porque a Igreja da Inglaterra não é uma instituição contra a qual a gente sinta o dever de lutar. Não é uma organização opressiva, poderosa, dominando a cena social e política. A Igreja russa foi uma aliada resoluta do sistema czarista, e a *intelligentsia* a abominava. É por isso que Dostoiévski não é membro da *intelligentsia*, nem ademais, por esta mesma razão, Tchékhov, Púchkin ou Tolstói. Turguiêniev fez parte dela, com toda certeza.

Estes são intelectuais.

Nem sempre. Não acho que possamos dizer que Dostoiévski tenha sido um intelectual: de fato, ele os odiava. Tolstói não tinha opinião a esse respeito, Púchkin,

Lérmontov[24], Tiutchév, Tchékhov não podem ser qualificados de intelectuais mais do que Dickens ou Balzac; por outro lado Flaubert, Georges Sand, Renan, Nietzsche o eram. Os eslavófilos são tudo menos intelectuais. São escritores de orientação teológica. A idéia de uma *intelligentsia* religiosa não tem nenhum sentido no século XIX. No século XX começou a ter, quando teólogos e homens da Igreja manifestaram tendências de esquerda, como Berdiaev, Bulgakov e seus pares: "os padres de esquerda" tornou-se uma denominação familiar.

O que o senhor considera como intelligentsia *no mundo contemporâneo?*

Penso que existe algo que se parece a uma verdadeira *intelligentsia* em Nova York, em boa parte judia. Existe uma espécie de parentesco entre certos escritores, músicos, artistas que adoram resistir aos "Cem Negros"[25], como eram denominados, na Rússia czarista, as forças do obscurantismo e da reação. O grupo de Bloomsbury[26] parecia-se a isso, porém não completamente. Isso não existe na Grã-Bretanha, talvez a sra. Thatcher os lançará. Não acho que podemos falar de uma *"intelligentsia* soviética" porque não se constituíram numa verdadeira *intelligentsia*. São apenas pessoas cultas sem cor moral ou política particular. No entanto, uma verdadeira *intelligentsia* sobreviveu, na Rússia, contra todos ventos e marés. É um fato absolutamente extraordinário. São os autênticos herdeiros da antiga e nobre *intelligentsia* – não sei como puderam sobreviver – a *glasnot* os revelou e libertou. Sakárov é um membro típico desta *intelligentsia*.

24. Michael Lérmontov (1814-1841), poeta influenciado por Byron, admirador de Púchkin (*A Morte do Poeta*, 1837). Exilado no Cáucaso, foi morto em duelo pelo comandante Martinov. Em 1840 apareceu uma coletânea de cinco de suas novelas sob o título *Um Herói de Nosso Tempo*.
25. Os *Cem Negros*, termo que provêm de *sotnia* (grupo militar cossaco), foi um grupo de extrema-direita do fim da época da Rússia czarista.
26. Distrito de Londres (West End). De 1907 a 1930, artistas e intelectuais aí se reuniam: entre eles, T. S. Elliot, E. M. Forster, A. Huxley, V. Woolf, J. M. Keynes, o pintor Roger Fry.

Deploro muito sua morte, sua voz era a voz de Herzen e de seus amigos, preservada miraculosamente por todos estes terríveis anos.

E Soljenítsin?

Não. Soljenítsin não faz parte dela: ele representa a voz de Dostoiévski.

A controvérsia entre os eslavófilos e os ocidentalistas continuou na União Soviética?

Sim, em certo sentido continuou efetivamente. Pode-se ouvir de novo a grande voz liberal de Herzen. A controvérsia prosseguiu porque, enquanto existir na Rússia um poder absoluto, tal será o caso, e o partido da liberdade reagirá contra ele. Soljenítsin não se opõe à autoridade. Ele se opõe a esta autoridade particular que é o comunismo. Por seu lado, Sakárov e seus amigos eram contra toda forma de antidemocracia. Soljenítsin não é um democrata nem, tampouco, um eslavófilo. Interessa-se pelos tchecos, pelos poloneses ou pelos eslovacos? Mas é evidente que uma pessoa pode opor-se a um regime pernicioso de numerosas maneiras.

Mas o senhor considera Soljenítsin um intelectual?

Quase. Não me parece ser nem um intelectual nem um eslavófilo. Soljenítsin não dedica o menor interesse pelos eslavos não-russos. É um patriota russo que se parece muito mais a um desses "velhos-crentes" do século XVII que se levantaram contra Pedro, o Grande e toda a modernização que ele introduziu, que consideravam a Igreja reformada pelo patriarca Nikon[27] como obra de Satã e Pedro como um demônio sobre o trono, que permaneceram leais para com a antiga tradição e se recusavam a ter ligação com o

---

27. Patriarca da Igreja Russa de 1652 a 1667. O concílio de 1666-1667 ratifica as reformas de Nikon e ordena a punição dos "velhos-crentes" que se recusam a submeter-se, e cujo chefe, Avakum, é queimado em 1682.

20. Chaim Weizmann (1874-1952), recepcionado a sua chegada a Paris, em junho de 1948. O Estado de Israel foi fundado em 14 de março. Weizmann será o primeiro presidente desse novo Estado.

escandaloso Império Russo reorganizado. Ele me parece estar perto dos cristãos dessa confissão.

Que papel desempenhou, a seu ver, a modernização na formação da intelligentsia *russa?*

Bem, naturalmente uma coisa não seria produzida sem a outra. Sem a modernização poucas idéias ocidentais teriam penetrado na Rússia. A tomada de Riga e da costa báltica por Pedro, o Grande foi descrita como a abertura de uma janela para o Ocidente.

O senhor se sente próximo do pensamento daquilo que chamamos de "Europa Central"?

Não sinto a "Europa Central" como uma cultura distinta. Os países concernentes são apenas os herdeiros do antigo Império Austro-Húngaro; produziram e produzem ainda excelentes escritores. Fazem parte do conjunto da civilização ocidental.

O ANO DE 1848

Retornemos à Rússia. Por que o senhor considera o ano de 1848 como uma data importante na história russa?[28]

De um lado, em razão do famoso complô no qual Dostoiévski tomou parte e, de outro, porque o Império Russo não conheceu revolução. As tropas russas esmagaram a revolução em Budapeste; a Polônia, de sua parte, foi esmagada alguns anos antes (em 1831); e o pilar dos antigos regimes permaneceu de pé. Certos pensadores russos após 1848 julgaram que, dada a facilidade com que as revoluções de esquerda haviam gorado em Paris e na Alemanha, os métodos ocidentais não eram, provavelmente, aqueles que permitiriam abrir a via da liberdade na Rússia ou não importa onde mais: não se devia imitar os liberais do Ocidente. Tcher-

---

28. "Russia and 1848" (1948), reimpresso em *Os Pensadores Russos*.

nichévski e Herzen, ambos impressionados pelo malogro dessas revoluções, perguntaram-se se não havia um caminho próprio da Rússia para o socialismo, aquilo que os alemães denominavam *ein Sünderweg*. Herzen defendeu a idéia da passagem "pela comuna camponesa para chegar ao socialismo, e não pelo socialismo para atingir a comuna camponesa. Nós podemos construir nossa própria estrada para chegar aí. No Ocidente, isto não deu certo. A última coisa que nós desejamos é o capitalismo industrial com um imenso proletariado oprimido. Nós podemos ter um Estado mais livre e mais justo sem conhecer os horrores do industrialismo ocidental". Esta é a razão pela qual 1848 é uma data importante para os radicais russos. Herzen ficou profundamente decepcionado com o que se passava na Europa. Mas, já em 1847, queixava-se da burguesia francesa. Não foi a Revolução de 1848 que o reconduziu à Rússia. Ele jamais se desviou dela. Desconfiava da burguesia francesa antes da Revolução. Se o senhor ler suas cartas da Avenue Marigny, encontrará muitas coisas instigantes a este respeito. Escreveu, por exemplo, que "Fígaro usava uniforme de lacaio, mas era um homem livre quando o despia, ao passo que naquela gente, o uniforme de Fígaro está grudado à pele, sem que possam tirá-lo, são lacaios por natureza". Tudo isto antes de 1848.

O Ouriço e a Raposa

Creio que se pode dizer, retomando sua classificação dos ouriços e das raposas[29], que o senhor considera Herzen uma raposa?

Absolutamente.

Por que, na verdade, o senhor estabeleceu esta classificação?

---

29. "O Ouriço e a Raposa" é um ensaio curto escrito em 1953, reimpresso em *Os Pensadores Russos*. Isaiah Berlin citou um verso do poeta grego Arquíloco (século VII a.C.) que lhe inspirou essas comparações zoomórficas.

Nunca a levei muito a sério. Eu a concebi como uma espécie de jogo intelectual, um divertimento, mas os outros levaram-na a sério. Toda classificação joga uma luz sobre algo; esta era extremamente simples.

O senhor não explica sua classificação?

O que o senhor quer dizer por explicar? Os ouriços e as raposas? Isso não é exaustivo. Alguns não são nem ouriços nem raposas, outros são ambos.

Tomemos Púchkin, por exemplo, por que o considera uma raposa por excelência?

Púchkin não é um homem que tenta interpretar cada coisa em termos de algum sistema único que abranja tudo. É assim que fazem os ouriços. Ele reage simplesmente como reage, descreve o que descreve, escreve quando escreve. Quero dizer que ele se exprime em múltiplas direções, quando o espírito lhe dita. Enquanto isso, os ouriços tentam sempre estabelecer relações, procuram sempre representar as coisas como correspondentes ou não correspondentes a algum modelo único no qual crêem apaixonadamente. Não cessam de considerar as coisas e de avaliar seu significado em termos de algum princípio unificador, em lugar de se interessarem pelas coisas, por si mesmas.

E o senhor crê realmente que a literatura russa tenha dois polos: Dostoiévski de um lado e Púchkin de outro?

Há também Tolstói. Tolstói é uma raposa que deseja que e creia apaixonadamente nele, como sendo um ouriço. Dostoiévski é um verdadeiro ouriço. Esta não é uma diferenciação particular à Rússia. Goethe era uma raposa e Hegel um ouriço[30].

---

30. Para os franceses Montaigne e Molière são raposas. Pascal é um ouriço.

Quem o senhor considera como os dois extremos da literatura russa?

Bem, de um lado Dostoiévski, de outro Turguêniev. Pode-se definir isso para qualquer literatura. Para a literatura francesa, temos Victor Hugo e Flaubert, Anatole France e Huysmans.

Em seu ensaio O Ouriço e a Raposa, o senhor mostra como Tolstói está em constante contradição consigo mesmo, de um lado em sua visão artística e, de outro, em sua visão da história.

Sim, Tolstói desejava ter uma visão unitária, mas sua impressionante percepção das pessoas, das coisas, das situações, dos momentos da história, dos pormenores em si mesmos era tão aguda e tão irresistível que ele não podia impedir-se de escrever simplesmente como via, sentia, pensava e compreendia. Porém, mais tarde, condenou tudo isso, porque não constituía uma contribuição à visão que adquirira, mais a frente, em sua vida. É isso o que eu quero dizer.

Assim, segundo o senhor, Tolstói poderia bem ser ao mesmo tempo um pensador monista e um pluralista?

Por natureza era pluralista, mas acreditava no monismo. Era uma raposa que queria ser ouriço. Daí a tensão, particularmente, em suas últimas obras.

O senhor estabelece igualmente um paralelo entre Tolstói e Maistre.

Unicamente pelo fato de que, quando eles descrevem guerras e batalhas, partilham da mesma visão dos acontecimentos e de suas causas. Tolstói leu Maistre quando preparava sua narração da batalha de Borodino[31]. Maistre en-

---

31. Ou batalha de Moskova (7 de setembro de 1812). Joseph de Maistre (1753-1821), refugiado na Sardenha em 1799, torna-se ministro plenipotenciário deste reino em São Petersburgo (1802-1817). *As Noites de São Petersburgo* apareceram em 1821.

contrava-se naquele momento em São Petersburgo; descreveu, portanto, alguns acontecimentos que ocorreram na capital. Ele tem, realmente, autoridade para relatar certos fenômenos russos que observa, como estrangeiro muito sagaz. Não acho que Tolstói o haja imitado conscientemente; mas observe a descrição que Maistre faz das batalhas; sua idéia de que as vitórias e as derrotas dependem de fatores psicológicos sobre os quais os oficiais não têm poder; apesar de os generais acreditarem que comandam e dão as ordens, o que se passa, na realidade, não se parece em nada aos seus cuidadosos planos e dependem de uma massa de fatores que, nem eles nem ninguém, estão a altura de controlar. Tudo isso ecoa em Tolstói, que retoma com seu menosprezo pela vaidade de Napoleão: os planos elaborados por peritos militares alemães contra todo senso intuitivo da realidade, e acima de tudo o que se trama nos cérebros e corações dos soldados, que atribuiu a Kutuzov.

Existe porém uma certa analogia de pontos de vista entre estes dois pensadores quando ambos rejeitam, como o senhor o precisa, o conceito da liberdade política individual e quando ambos, igualmente, se mostram céticos com respeito à técnica?

Ambos são antimodernos. Só que Maistre é favorável à autoridade, acima de tudo à da Igreja, enquanto Tolstói a julgava irracional e claramente opressiva, e se insurgia contra um Estado que considerava ao mesmo tempo estúpido e imoral.

O senhor pensa que se pode estabelecer igualmente um paralelo entre Tolstói e Dostoiévski, considerando-se a semelhança existente entre o personagem do príncipe Michkin em O Idiota *e o de Pedro em* Guerra e Paz?

São dois personagens cristãos, mas há uma diferença. Pedro, antes de mais nada, é Tolstói. Pedro é um personagem secular, cujos instintos e sentimentos para com as pessoas e a natureza são absolutamente naturais e autênticos. Michkin não é senão uma espécie de santo; uma vítima inocente, um salvador de almas, não pertence a este mundo, o mundo do derrisório, dos materialistas e do pecado. Um de meus amigos, um pensador russo, disse um dia que "a pessoa mais próxima do príncipe Michkin no século XX é Charles Chaplin". Não estou de acordo, mas entendo o que quis dizer. Michkin parece idiota mas, fundamentalmente, ele representa a verdade. Chaplin é um homem bom em uma sociedade imoral – em seus filmes, representa o sentimento honesto humano e a bondade, a "ingenuidade", a simplicidade, tem o comportamento de uma criança. Pedro não se parece a uma criança. Em certos aspectos, ele é ingênuo mas não se parece a uma criança. No fim das contas Michkin acaba por enlouquecer, retorna à Suíça, mas Pedro, ao cabo de *Guerra e Paz*, desposa Natacha e vive uma vida normal. Nas primeiras versões do romance, Pedro torna-se um decembrista – Dostoiévski não se interessa absolutamente por isso. Michkin não se interessa pela política ou pelas estruturas sociais, ele se assemelha a um santa criancinha que possui uma visão intuitiva da verdade, o Cristo vive nele. Ele é uma das representações do Cristo na literatura.

BIELINSKI

Voltemos ao personagem de Bazárov em Pais e Filhos *de Turguiêniev. Como o senhor chegou a comparar Bielinski a Bazárov?*

Bielinski era propenso a dizer coisas bastante duras. Foi o homem que denunciou o que considerava como as vulgaridades burguesas, a arte de salão, o esteticismo, a hipocrisia, a indiferença pela arte, em particular, pela realidade social; era pró-jacobino e detestava *le juste-milieu* (o meio-termo); é esta a razão pela qual não suportava a esperteza, a superficialidade, a auto-satisfação que se lhe descortinaram durante sua estada em Paris. Era puritano e desejava distinções claras, sim ou não, branco ou preto, a nosso favor ou contra nós. Eis em que se parece a Bazárov. Bielinski não é um liberal, como Turguiêniev, nem uma personalidade deliciosa como Herzen. Ia de doutrina em doutrina e sua busca da verdade – acima de tudo a verdade moral – era angustiante para ele. Seus amigos o adoravam e tinham pena dele. E o respeitavam tanto mais quanto não se respeitavam entre si[32].

Mas é um ocidentalista.

Sim, é verdade. Não por temperamento, mas por convicção. Ele não apreciava suas visitas ao Ocidente. Não gostava de Dresden. Não gostava da Madona de Rafael, não apreciava estar em Paris.

Pode-se fazer uma comparação entre Herzen e ele?

Eram amigos autênticos. Herzen é bem mais estável. É muito mais perspicaz, bem mais hábil e sensível aos contornos da civilização ocidental, entre a Rússia e o Ocidente. Bielinski é muito mais simples, mais maniqueísta, mais duro, mais profundamente sincero, profundamente honesto, e aos olhos de Herzen, uma espécie de consciência que os mantinha, a ambos, em um bom caminho. Quando Bielinski achava que algo era mau, ele o dizia.

Qual foi a posição intelectual de Bielinski na Rússia do século XIX?

Ele morreu no começo de 1848, antes da revolução[33]. Era um opositor radical. Pregava a liberdade individual, a liberdade de pensamento, denunciava a censura, com a qual sofria. Queria uma carta dos direitos do homem, o respeito pela lei, o fim da autocracia arbitrária, da servidão, das brutalidades da polícia e dos proprietários de terras. Se o se-

---

32. Vissarion Bielinski (1811-1848), o mais célebre crítico russo do século XIX, foi mestre do pensamento de duas gerações, apreciado tanto pelos ocidentalistas como pelos eslavófilos. Dirigiu, de 1838 a 1839, *L'Observateur du Moscou*; depois colaborou, de 1840 a 1846, nos *Annales de la Patrie*, e de 1846 a 1848, no *Contemporain*. Berlin escreveu, em 1955, "Bielinski: Moralista e Profeta", reimpresso em *Os Pensadores Russos*.

33. A tuberculose o levou aos 37 anos de idade.

nhor deseja saber qual foi sua posição final, a melhor formulação está em um texto célebre que se chama *Carta a Gógol*, em que denuncia o neofeudalismo de Gógol. Este documento tornou-se a bíblia do movimento social libertário e liberal russo ao longo do século XIX, seu nobre manifesto. De fato, ele dizia a Gógol: "Como pode o senhor, um grande artista, apoiar este horrível sistema?" Era um vibrante apelo à decência, à liberdade, ao devotamento à justiça e à verdade.

Gógol publicou, por sua vez, um panfleto contra ele.

Na verdade ele o fez. Escreveu algo que se denominava: *Correspondência com meus amigos*. Mas não foi muito lido. Gógol era um grande reacionário. Acreditava na família, na propriedade da terra. Conhecia o sofrimento dos servos mas não tinha nenhuma intenção de libertá-los.

Qual é a concepção de arte de Bielinski?

Sua concepção de arte era, de uma certa maneira, rudimentar. Tinha uma propensão a ir muito longe. Bielinski acreditava que a finalidade da arte era a verdade social e moral. Era um antiesteta, opunha-se a arte pela arte – seus comentários sobre a literatura são, por vezes, absurdos. Porém seus ensaios sobre Púchkin são obras-primas. É preciso que nos lembremos que na época de Bielinski, nesta sociedade em particular, a arte era o único instrumento com o qual seria possível exprimir, sem censura, certas formas de protesto individual e social. E foi o que ele fez também, de maneira apaixonada, eloqüente e comovente. Tolstói chegou a pensar bem de Bielinski no fim da vida. Mas nos anos de 1840 a 1860 julgou Bielinski um grosseiro, desprovido de senso artístico, cego com respeito ao que fazia viver as pessoas.

Ele rejeitou as doutrinas utilitárias da arte?

Sim, Tchernichévski interpretou Bielinski de maneira utilitária, mas estava errado, porque Bielinski não era um utilitarista. Acreditava que o objetivo da arte é exprimir a verdade como a vemos, por meio de imagens e não de propaganda. Para ele, a verdade é sempre uma verdade social porque os homens vivem em sociedade. Todos os indivíduos vivem em um contexto social, razão pela qual ele achava que a arte é necessariamente social. Sem nenhuma dúvida, enganou-se: é puritano em excesso, existe algo que é arte em estado puro, mas não gostava dela e a via como mero escapismo.

DE PASTERNAK A BRODSKY

Já que falamos de arte, gostaria de colocar algumas questões relativas a Pasternak e Akhmátova. Há uma hora, falávamos de Dostoiévski e de Tolstói, e é bastante interessante notar, como o senhor o faz em seu ensaio Encontros com os Escritores Russos, *que Akhmátova não gostava de Tolstói e que sentia, ao contrário, adoração por Dostoiévski.*

É exato. É muito difícil falar da visão de vida de Akhmátova em algumas frases. Ela possuía uma visão trágica da vida, um pouco como Unamuno na Espanha.

O senhor leu Unamuno?

Sim.

E o senhor gostou?

Muito. *O Sentimento Trágico da Vida*[34] é um excelente livro. Eu o ouvi uma vez, ao dar uma conferência em Oxford. Achei Unamuno impressionante. Quanto à Akhmátova, ela me disse um dia: "O senso moral de Tolstói é errôneo. Não deveria ter condenado Anna Karenina. Ele não era tão tolo. Eis a moralidade de suas tias moscovitas". Akhmátova não gostava de Tchékhov porque nele tudo é cinzento, a

---

34. Miguel de Unamuno y Jugo (1864-1936), *O Sentimento Trágico da Vida* apareceu em 1912.

21. Igor Stravinski (1882-1971) em Paris em junho de 1929.

22. Inscrições entusiásticas para VERDI em Nápoles no ano de 1859, sob a ocupação austríaca, seguida de interdição de sua ópera *Um Baile de Máscara*. Verdi: Vittorio Emmanuele **Re D'I**tália (Victor-Emmanuel II. Ele será proclamado Rei da Itália em 1861).

cor da lama: "Ele não tem o brilho das espadas". A excelente crítica de D. S. Mirski também se ressentia disso; outras igualmente, mas por certo não a grande maioria. Akhmátova acreditava em uma vida de paixão e de profunda experiência religiosa, emocional e trágica, que ela não encontrava em Tolstói. Encontrou-a em Dostoiévski, Kafka e Púchkin.

Pasternak foi muito infuenciado por Tolstói?

Não tanto assim. Conheceu Tolstói por meio de seu pai. Ouvira muito da admiração que tinha por ele. Nunca me falou de literatura russa, mas sim de Shakespeare e de Proust.

Mas, como o senhor o cita em seu ensaio, Pasternak considerava impossível ser crítico em relação a Tolstói por achar, na verdade, que Tolstói e a Rússia eram a mesma coisa.

É exato. Foi exatamente o que ele afirmou.

Eu não sabia que Pasternak havia traduzido Shakespeare.

Ele traduziu *Hamlet*, e creio que outras peças também. Não tenho certeza.

Ele dominava bem o inglês?

Não, mas se arranjava.

O senhor pode nos dizer algumas palavras sobre o seu encontro com Serguei Eisenstein.

Bem, contei tudo isto em meu texto *Impressões Pessoais*. Não tenho nada a acrescentar.

E Joseph Brodsky? O senhor nos disse que ele era muito ligado à Akhmátova.

Era. Ela me contou que o levava quase pela mão. Ele a admirava e adorava. Brodsky apreciava muitíssimo Mandelstam, Akhmátova e Tsvetaeva[35], muito mais do que a Pasternak e Blok. Mandelstam, Akhmátova e Tsvetaeva, sim, assim como Auden, são divindades do panteão de Brodsky.

Quais destes poetas são as divindades de seu próprio panteão?

Tsvetaeva é uma poetisa maravilhosa, mas não é para mim uma divindade. Akhmátova, Pasternak e Blok[36]. É difícil, creio mesmo impossível, explicar por que uma pessoa ama um poeta e uma outra não o ama.

Há poetas ingleses que admira?

Sim, há poetas ingleses que gosto muito, mas prefiro os poetas russos por ser minha primeira língua. Penso que a poesia deve estar na língua falada quando se era criança, a poesia a mais próxima de um indivíduo está na língua que ele falava antes dos dez anos de idade.

Li recentemente um ensaio de Czeslau Milosz sobre Pasternak. De fato, Milosz considera a poesia de Pasternak uma poesia antiintelectualista. O senhor partilha desse ponto de vista?

Não, embora compreenda o que ele quer dizer. Pasternak foi profundamente influenciado pelas conferências de Hermann Cohen em Marburg[37]. Como Blok, leu Kant e alguns metafísicos alemães, e deles tirou algo. Qual outro

---

35. Marina Tsvetaeva nasceu em Moscou em 1892 e publicou seus primeiros poemas em 1910. Emigrou em 1922 para Praga, depois para Paris; voltou à Rússia em 1939, mas as dificuldades encontradas levaram-na ao suicídio em 1941. Seis de seus poemas, dos quais um dedicado à Akhmátova, foram musicados por Chostakóvitch em 1973.

36. Aleksandr Blok (1880-1921), o mais puro representante do simbolismo russo (*Versos para a Bela Dama*, 1904). Em 1918, escreveu o seu mais admirado poema: *Os Doze*.

37. Por volta de 1910. Fundador da escola de Marburg, Hermann Cohen (1842-1918) construiu seu pensamento ao redor de um retorno a Kant, para elaborar em seguida um imenso trabalho sobre o judaísmo.

escritor moderno teria citado Schelling em um romance como o fez Pasternak em *O Doutor Jivago*? Creio que Pasternak compreendeu muito bem certas formas de filosofia, e isso penetrou em sua visão. Era um homem de inteligência muito viva, muito penetrante, jamais um ingênuo. Existem poetas estúpidos que têm muito talento; não é o seu caso.

O senhor pode nos dar um exemplo de poeta estúpido?

Há um poeta francês chamado Francis James que é, penso eu, um poeta estúpido. Tinha, por certo, um dom para a poesia mas daí a dizer que era inteligente, eu não o diria. Parece-se um pouco ao que Mazzini falou um dia. Alguém perguntou a Mazzini: "Que opinião o senhor tem do general Garibaldi?" Ele respondeu: "Já esteve em um jardim zoológico?" "Sim", retrucou o outro. "O senhor já viu um leão?" "Sim", disse ele. "O senhor diria que o leão traz em sua goela uma expressão particularmente inteligente?"

Podemos retornar a Pasternak?

Recordo-me ter escrito um ensaio curto sobre Pasternak que foi publicado em inglês numa coletânea editada por um excelente especialista, professor de Yale, Victor Erlich. Ele o achara muito bom, eu não. O ensaio tratava do dinamismo da poesia de Pasternak, na qual, em realidade, tudo é pleno de vitalidade, todas as metáforas são tomadas de seres vivos na natureza, nada é inanimado, tudo é pleno de força, os objetos inanimados, as mesas, as cadeiras, as cores, as formas são todas descritas em um processo de movimento contínuo e vital.

Como o senhor veio a escrever este ensaio?

Pediram-me para dar uma conferência em memória de um homem de letras eslavo. Eu sou como um táxi – não me movo se não for chamado.

O senhor me disse que gostava muito de Brodsky.

Muito. É certamente o maior poeta vivo de língua russa em nossos dias.

Brodsky esteve em Paris há alguns meses, e proferiu conferência sobre a essência da poesia. A seu ver, os poetas podem responder às questões as quais os sábios e os filósofos não se sentem em condições de fazê-lo. O senhor está de acordo com ele?

Talvez. Em geral ele exprime idéias justas[38].

ALGUNS GRANDES HOMENS: CHURCHILL, WEIZMANN, NEHRU

Gostaria agora de formular algumas perguntas sobre Churchill. O senhor encontrou-se com ele?

Sim, depois da guerra. Convidou-me para um almoço. Havia cometido uma rata durante a guerra, em 1944, quando quis me convidar para falar sobre a América, porque eu era considerado um especialista da vida política norte-americana e, em meu lugar, convidou Irving Berlin[39], o célebre compositor, fato que provocou uma série de mal-entendidos de um gênero bastante cômico. Julgou, portanto, que no fim de contas seria conveniente me convidar.

Encontrou-o depois, novamente?

Encontrei-o ocasionalmente, com outras pessoas, mas com pouca freqüência.

O senhor diz de Churchill que ele tinha uma poderosa e vasta imaginação histórica?

Sua imaginação parecia-se um pouco à de um escolar. Para ele, certas nações são históricas, outras não. Hegel diz o mesmo, com certeza, mas tenho a convicção de que Chur-

---

38. Joseph Brodsky, nascido em Leningrado em 1940, foi condenado em 1964 por "parasitismo social". Emigrou para os Estados Unidos em 1972. Em 1987 recebeu o Prêmio Nobel de literatura.

39. O autor das melodias cantadas por Bing Crosby ao som das quais dançava Fred Astaire tinha vinte anos a mais do que seu homônimo. Ele faleceu em 1989, com a idade de 101 anos.

chill não o sabia. Os alemães, a seu ver, são um povo histórico, assim como o são os franceses, os italianos, os chineses e os norte-americanos, provavelmente porque sua mãe era norte-americana, mas os judeus, os árabes, os africanos, os latino-americanos não o são.

O senhor diz também que Churchill tinha uma visão romântica das nações.

Certamente. Por romântico quero dizer que ele havia idealizado as imagens dos países, das culturas, de seu presente e de seu futuro, e isso não se baseava numa observação empírica atenta. O gênio da França, o gênio da Alemanha, o gênio da Inglaterra, o gênio de Roma, da Grécia, da Judéia – dos modelos idealizados deste gênero[40].

O senhor considera também Chaim Weizmann uma figura romântica?

Alguém capaz de imaginar e de criar um novo povo a partir dos membros dispersos de uma comunidade religiosa ou de uma raça, e isso depois de dois mil anos, deve ter a imaginação de um romântico. Não se pode duvidar de que seja um desafio ao realismo e, no entanto, Weizmann era profundamente realista. Porém, ele compreendeu algo de muito real a propósito dos judeus, a saber, que poucos indivíduos no final de contas querem permanecer como membros de uma minoria em uma sociedade, qualquer que seja. Compreendeu instintivamente que as pessoas não podem se desenvolver livremente (como pensava Herder, de quem Weizman jamais ouvira falar) senão em um país no qual não se sintam perpetuamente inquietos com o que os outros pensam deles, de como os outros os percebem, da atenção desfavorável ou mesmo, demasiadamente grande, que seu comportamento desperta – em uma palavra – são eles realmente admitidos?

40. Winston Churchill foi primeiro-ministro de 10 de maio de 1940 a julho de 1945, e de 1951 a 1955. Morreu em 1965 com a idade de 91 anos. Foi em 1949 que Isaiah Berlin escreveu no *Atlantic Monthly* um artigo sobre "Mr. Churchill", reimpresso em *Impressões Pessoais*.

Como o senhor diz, Weizmann não tinha medo do futuro?

Não, Churchill e ele eram dois homens que não tinham medo do futuro. Eram ambos fortes e confiantes. Diziam: "Deixai vir o futuro, nós faremos dele alguma coisa". Jamais bater em retirada, sempre *avanti*.

O senhor considera Weizmann e Churchill grandes homens.

A meu ver, um grande homem é um homem público que está na origem de algo importante que se produziu, e cuja probabilidade de ser produzido antes dele tomar a si a tarefa era muito tênue. Um grande homem é aquele que provoca uma mudança de direção na história que, sem ele, não teria sido possível. Eles imprimem à história uma virada que ninguém seria capaz de prever.

Quais seriam, segundo sua opinião, os grandes homens do mundo atual?

Alguns deles podem ser perfeitamente detestáveis. Stálin, a meu ver, foi um grande homem. Foi um dos piores homens da história, mas fez da Rússia algo que não poderia ter acontecido se não fosse por ele, ainda que, em muitos aspectos, o resultado fosse abominável. Foi o caso de Hitler, de Mao e outros monstros. De Gaulle foi uma espécie de grande homem. Conferiu à França uma especificidade permanente; era, porém, um ser humano diferente dos outros. Os grandes homens deixam efeitos duradouros.

O senhor considera Gandhi e Nehru grandes homens?

Sim. Encontrei-me com Nehru[41]. Visitava a Índia; tinha um amigo no governo indiano que estivera comigo em Oxford. Esta pessoa convidou-me para dar uma conferência e, de modo inesperado, Nehru me procurou. Conversamos sobre a Rússia e a Inglaterra. Ele conhecia muito bem esses

---

41. Ele foi primeiro-ministro do governo provisório (1946) e manteve-se depois da independência (15 de agosto de 1947) até a sua morte, em 1964.

23. Isaiah Berlin.

assuntos. Apesar de ter freqüentado o colegial e a universidade na Inglaterra, onde fora feliz e continuava a manter sua admiração pelos ingleses, mostrou-me que a razão que motivava sua preferência pelos russos era que os ingleses, por patrióticos e benevolentes que fossem, não podiam, entretanto, deixar de sentir sempre um certo desprezo pelos hindus. Os russos não tinham finura, eles possuíam um pequeno lado bárbaro, mas não se sentiam superiores – assim sendo, Nehru, ao lado deles, não sentia esta consciência de si próprio que vem da história em relação àqueles que haviam conquistado a Índia. Isto fazia toda a diferença. No final de contas, demonstrou-me que os russos não davam aos hindus a sensação de terem direito sobre eles. Alimentava um sentimento idêntico para com os japoneses. Imagine os japoneses, militaristas, imperialistas, fascistas, que fizeram coisas terríveis durante a guerra e, no entanto: "Assim que visitei o Japão, senti que eles eram irmãos, e isto, eu não pude sentir na Inglaterra".

O senhor falou de Gandhi com Nehru?

Não.

Considera então Nehru como um grande homem?

Sim. Gandhi foi ainda maior que Nehru, pois ele realmente criou uma nação. Quanto a Nehru, deu aos hindus uma imagem de si mesmos o que, a meu ver, nenhuma outra pessoa estava em condições de fazê-lo.

Em seu ensaio sobre Weizmann, o senhor afirma que ele se opunha realmente à violência.

Ele a odiava. É por esta razão que se opunha totalmente à violência judaica na Palestina.

O que aconteceria se ele vivesse hoje?

Bem, se ele vivesse hoje não teria nenhum poder. Mesmo quando tornou-se presidente de Israel não tinha o mínimo poder. Foi praticamente despojado de influência por seus sucessores.

Na sua opinião, ele se opunha à violência judaica; mas o senhor indica no seu ensaio que, quando a guerra árabe-judia explodiu, ele estava com a consciência limpa.

Absolutamente. Considerou, na verdade, que não existia outro caminho. Se seu país está sob ameaça de perder a liberdade, o senhor deve defendê-lo; a violência encontra então sua justificativa. Weizmann não se parecia a Gandhi. Ele achava que a utilização da força para a autodefesa justificava-se. Tinha horror ao terrorismo. Weizmann não era um pacifista; se o fosse não teria realizado o que fez. Porém, detestava a violência dos anos de 1947 e 1948[42].

O senhor o considera um pacifista?

Não.

O senhor acha que a violência seja inevitável?

Não..Aliás, eu a odeio profundamente, qualquer que seja a sua necessidade. Creio que já lhe afirmei que depois de ter visto, por ocasião da Primeira Revolução Russa, um policial arrastado pelo chão para uma morte certa adquiri, com respeito à violência física, uma espécie de aversão instintiva que me tem acompanhado a vida inteira. É preciso, porém, combater nas guerras. Eu não me opus à guerra contra Hitler.

GEORGES SOREL, BERNARD LAZARE

O problema da violência nos conduz a Georges Sorel. Que lugar o senhor acha que Sorel terá na história das idéias como pensador da violência?

---

42. Primeiro presidente de Israel em 1949, Chaim Weizmann, nascido na Bielorússia em 1874, foi químico na Suíça e na Grã-Bretanha, presidente da Organização Sionista Mundial (1920), depois da Agência Judaica (1929). Morreu em 1952. A conferência de Isaiah Berlin sobre Weizmann data de 1958 (texto reimpresso em *Impressões Pessoais*).

24. Giovanni Agnelli oferece a Isaiah Berlin o prêmio da Fundação Agnelli por sua obra (15 de fevereiro de 1988).

Não sou a favor de Sorel. Ele me fascina por ser uma figura original. Eis tudo; não tenho simpatia por ele.

Mas por que o senhor o tem por um pensador inclassificável?

Porque está ao mesmo tempo à direita e à esquerda. Deu base a Lênin e a Mussolini. Era favorável à Igreja e anticlerical. Está a favor e contra tudo. Era um homem muito interessante, ao mesmo tempo, confuso e bem dotado, com certas idéias penetrantes e também com um certo número de idéias absurdas. Eu não sou seu admirador; porém, ele me fascina por ser um extraordinário pensador político, original e independente. Foi a razão pela qual escrevi sobre ele. Sorel é uma figura única da história do anarco-sindicalismo francês[43].

Mas o homem que eu admiro realmente, durante este período, é Bernard Lazare. O senhor conhece sua história. Lazare é o anarquista que escreveu o célebre livro sobre as *Causas do Anti-Semitismo*, onde atacava os judeus. Todos os anti-semitas franceses da década de 1880 o felicitaram. Eles concluíram: "Um judeu honesto vê os defeitos dos judeus". Homens como Barrès e Drumont ficaram felizes. Lazare (cujo verdadeiro nome era Lazare Bernard) era um anarquista filósofo que detestava toda forma de governo. Depois veio o caso Dreyfus, pelo qual não estava particularmente interessado. Não conhecia nem Dreyfus nem sua família, nem Émile Zola, nem Clemenceau, nem ninguém que se interessava pelo caso, nem os antidreyfusistas. Ainda assim, ele se interrogou sobre as razões que teriam levado Dreyfus a espionar. Eis um homem rico, conservador, convencional, ambicioso, desejoso de fazer uma carreira bem-sucedida no exército francês. Por que um homem assim mostrar-se-ia desleal revelando segredos aos alemães? Era

---

43. Georges Sorel (1847-1922). Suas *Reflexões sobre a Violência* apareceram em 1908. O texto aumentado do artigo publicado sobre Sorel no suplemento literário do *Times* de dezembro de 1971 foi adicionado à coletânea *Na Contra-Corrente*.

muito improvável, por demais incompreensível. Lazare afirmou categoricamente que ele não poderia tê-lo feito e que a única razão de o acusarem era pelo fato de ser judeu. Afinal, os judeus não eram franceses? Pois muito bem, declarou ele, então não sou um francês, quero que me chamem Bernard Lazare, nome que soa mais judaico. Publicou à propósito de Dreyfus uma carta terrível que atacava o governo francês e os generais. Esperava que o prendessem mas não o fizeram, pois deram-se conta de que nada teriam a ganhar com a prisão de um anarquista excêntrico. Tornou-se sionista, compareceu ao Segundo Congresso Sionista de 1898. Lazare continuou sendo uma grande figura, mesmo sem pertencer a nenhum partido. Após a interdição das congregações pelo novo ministério francês de Combes e Waldeck-Rousseau[44], escreveu artigos apaixonados contra eles, argumentando que as pessoas tinham o direito de rezar como desejassem e quando o desejassem. Tomou a defesa da Igreja Católica Romana. Morreu em 1903. Minha admiração por ele vem do fato de haver neste homem algo de totalmente independente e inteiramente honesto; viveu realmente uma vida corajosa e honesta. Não tinha medo de pôr em prática suas idéias. Aprecio sua coragem e sua integridade. Um professor de Bristol escreveu recentemente um ótimo livro sobre ele – antes de lê-lo, eu não sabia até que ponto este homem foi admirável.

O senhor gostaria de escrever um ensaio sobre ele?

Não, porque li esta biografia onde está tudo dito.

---

44. Presidente do Conselho, ministro do Interior e dos Cultos em 1902, Emile Combes, ferozmente anticlerical, aplicou estritamente a lei de 1º de julho de 1901 às Congregações de Waldeck-Rousseau que, na idéia deste último, devia de fato permitir aos religiosos a integrarem-se na sociedade republicana.

A RÚSSIA LITERÁRIA E POLÍTICA DO SÉCULO XIX

1799	Nascimento de Aleksandr Púchkin	
1809	Nascimento de Nicolai Gógol	1801	Morte de Paulo I, Alexandre I
1811	Nascimento de Vissarian Bielinski		
1812	Nascimento de Aleksandr Herzen	1812 (7/IX)	Batalha de Borodino
1813	Nascimento de Nicolai Stankiévitch		
1814	Nascimento de Michail Bakúnin e Michail Lérmontov Primeiros poemas de Púchkin	1814	Marcha dos Russos sobre Paris
1818	Nascimento de Ivan Turguêniev		
1821	Nascimento de Fiódor Dostoiévski e de Nicolai Niekrassov	1825	Morte de Alexandre I, levante dos dezembristas, Nicolau I
1828	Nascimento de Leão Tolstói	1831	Repressão à Revolução Polonesa
1823-30	Púchkin, *Eugênio Oniéguin*	1834	Primeiras estradas de ferro. Herzen e seu amigo Nicolai Ogariev banidos de Moscou
1834	Bielinski, *Devaneios Literários*		

1835	Círculo de Stankiévitch (lit. & fil.)	
1836	Púchkin, primeiro número da revista trimestral *O Contemporâneo*	
1837	Morte de Púchkin (duelo)	
1840	Lérmontov, *A Morte do Poeta* Lérmontov, *Um Herói de Nosso Tempo*	1840	Encontro de Herzen e Bakúnin Morte de Stankiévitch
1841	Morte de Lérmontov (duelo)	
1842	Gógol, *As Almas Mortas*	
1841-46	Herzen, *De Quem a Culpa?*	
1844	Turguiéniev, *Andrei Kolossov* (primeiras novelas)	
1846	Dostoiévski, *Pobre Gente* (seu primeiro romance)	1846	Encontro de Dostoiévski e Petrachevski; emigração de Bakúnin
1847	Bielinski, *Carta a Gógol* Gógol, *Correspondência com meus Amigos*	1847	Emigração de Herzen: Paris depois Londres
1847-66	Niekrassov, diretor do *Contemporâneo*	
1848	Morte de Bielinski	
		1849	Condenação de Bakúnin

	1849-53	Deportação de Dostoiévski para a Sibéria
	1851	Bakúnin, *Confissão ao Czar*
1852 Tolstói, *Infância* (primeira novela) Morte de Gógol e de Vassili Jukóvski Turguêniev, *Relatos de um Caçador*		
	1853	Herzen funda em Londres a Imprensa Russa Livre
	1854-55	Guerra da Criméia
	1855	Morte de Nicolau I, Alexandre II
	1857-69	*A Estrela Polar* de Herzen (Londres) *Kolokol* (*O Sino*) de Herzen
1860 Turguêniev, *Primeiro Amor, Na Véspera* Nascimento de Antón Tchékhov		
	1861	Abolição da servidão
1861 Morte de Nicolai Dobroliubov	1862	Zukóvski refugiado em Londres
1862 Turguêniev, *Pais e Filhos*		
1863 Nicolai Tchernichévski, *O que Fazer?*		
1864 Morte de Apolon Griegóriev	1864	Exílio de Tchernichévski na Sibéria
	1866	Atentado de Karakasov contra o czar
	1868	Revista *A Causa do Povo* (Bakúnin e Nicolai Zukóvski)
1868 Dostoiévski, *O Idiota*		

253

1863-69	Tolstói, *Guerra e Paz*	1869	Serguei Netchaiev, *Catequismo Revolucionário*
1870	Morte de Herzen	1870	Nascimento de Lênin
1873	Morte de Fiódor Tiutchev Dostoiévski, *Os Demônios*	1873	Condenação de Netchaiev Periódico *Avante!* (Lavrov)
1873-77	Tolstói, *Ana Karenina*	1876	Morte de Bakúnin
1877	Morte de Niekrassov	1877	Morte de Ogarev
1879	Turguiêniev, *Um Mês no Campo*	1879	Congresso de Voronej; cisão entre os narodniki moderados(Plekánov) e os extremistas (Jeliabov)
1880	Saltikov-Chtchedrin, *A Família Golovlev* Nascimento de Aleksandr Blok		
1881	Morte de Dostoiévski	1881	Assassinato de Alexandre II, Alexandre III
		1882	Morte de Netchaiev
1883	Morte de Turguiêniev	1883	"Emancipação do Trabalho", primeiro grupo marxista fundado em Genebra por Plekhanov
1888	Tchékhov, *A Estepe*		
1889	Morte de Saltikov-Chtchedrin e de Tchernichévski		

1889	Nascimento de Ana Akmátova		
1890	Nascimento de Boris Pasternak		
1892	Nascimento de Marina Tsvetaeva e de Ossip Mandelstam		
1893	Nascimento de Vladimir Maiakóvski	1893	Aliança Franco-Russa
		1894	Morte de Alexandre III, Nicolau II
1895	Nascimento de Serguei Iessiênin	1895	Morte de Zukóvski, Lénin funda a União de Luta para a Libertação da Classe Operária
1896	Tchékhov, *A Gaivota*		
		1898	Partido Operário Social-Democrata (POSDR)
1899	Tolstói, *Ressurreição* Kropótkin, *Em Torno de uma Vida*		
		1900	*L'Iskra (A Faísca)*, fundada por Lénin e Plekhanov
1903	Chéstov, *Dostoiévski e Nietzsche*	1903	Congresso em Londres (cisão entre bolcheviques e mencheviques)
1904	Blok, *Versos para a Bela Dama*		
		1905-07	Revolução, sublevação do *Potemkin*.
1910	Morte de Tolstói		

BIBLIOGRAFIA

Principais Obras Publicadas em Inglês

Karl Marx: His Life and Environment, London, 1939, reeditado em 1948, 1960, 1963 e 1978.

The Age of Enlightenment: the Eighteenth-Century Philosophers, New York e Boston, 1956, Oxford University Press, 1979.

Four Essays on Liberty, Oxford University Press, 1969.

Esta obra reúne um artigo publicado em 1950 ("Political Ideas in the Twentieth Century") e três textos de conferências proferidas em 1954 ("Historical Inevitability"), em 1958 ("Two Concepts of Liberty") e em 1959 ("John Stuart Mill and the Ends of Life").

Vico and Herder, Hogarth Press, London e Viking, New York, 1976.

Esta obra reúne as versões revistas de dois ensaios: "The Philosophical Ideas of Giambattista Vico" (Roma, 1960) e "Herder and the Enlightenment" (Baltimore, 1965).

Russian Thinkers, Hogarth Press, London e Viking, New York, 1978.

Esta obra reúne artigos, textos de conferência e ensaios publicados em 1948, 1953 ("The Hedgehog and the Fox"), 1955, 1956, 1960, 1961 ("Tolstoy and Enlightenment") e 1972 ("Fathers and Children: Turgenev and the Liberal Predicament").

Concepts and Categories: Philosophical Essays, Hogarth Press, London e Viking, New York, 1978.

Esta obra reúne diferentes trabalhos publicados em 1939, 1950, 1956 ("Equality"), 1960 ("History and Theory: the Concept of Scientific History"), 1961, 1962 ("The Purpose of Philosophy") e 1964.

Against the Current: Essays in the History of Ideas, Hogarth Press, London, 1979 e Viking, New York, 1980.

Esta obra reúne diferentes trabalhos publicados entre 1955 e 1978, referindo-se particularmente a Montesquieu (1955), Moses Hess ("The Life and Opinions of Moses Hess", 1959), Herzen ("Herzen and his Memoirs", 1968), Verdi ("The Naiveté of Verdi", 1968), Maquiavel ("The originality of Machiavelli", 1971), Georges Sorel (1971), Vico (1969 e 1976), Hume ("Hume and the Sources of German Anti-Rationalism", 1977), assim como os contra-iluministas (*Dictionary of the History of Ideas*, 1973).

Personal Impressions, Hogarth Press, 1980 e Viking, 1981.

Esta obra reúne diversos trabalhos publicados entre 1949 e 1976, referindo-se particularmente a Churchill (1949), Roosevelt (1955), Chaim Weizmann (1958), Aldous Huxley (1965), Jacob Herzog (1972), John Austin e os primórdios da filosofia de Oxford (1973).

The Crooked Timber of Humanity: Chapters in the History of Ideas, John Murray, London, 1990.

Esta obra reúne diversos trabalhos publicados entre 1959 e 1988, referindo-se particularmente a Vico ("Giambattista Vico and Cultural History", 1983), Joseph de Maistre ("Joseph de Maistre and the Origins of Fascism", 1960), o romantismo alemão ("The Apotheosis of the Romantic Will", 1975), o nacionalismo ("The Bent Twig", 1972), assim como o texto do discurso de Isaiah Berlin proferido na Fundação Giovanni Agnelli ("The Pursuit of the Ideal", 15 de fevereiro de 1988).

COLEÇÃO DEBATES

1. *A Personagem de Ficção*, Antonio Candido e outros.
2. *Informação, Linguagem, Comunicação*, Décio Pignatari.
3. *Balanço da Bossa e Outras Bossas*, Augusto de Campos.
4. *Obra Aberta*, Umberto Eco.
5. *Sexo e Temperamento*, Margaret Mead.
6. *Fim do Povo Judeu?*, Georges Friedmann.
7. *Texto/Contexto*, Anatol Rosenfeld.
8. *O Sentido e a Máscara*, Gerd A. Bornheim.
9. *Problemas da Física Moderna*, W. Heisenberg, E. Schrödinger, M. Born e P. Auger.
10. *Distúrbios Emocionais e Anti-Semitismo*, N. W. Ackerman e M. Jahoda.
11. *Barroco Mineiro*, Lourival Gomes Machado.
12. *Kafka: Pró e Contra*, Günther Anders.
13. *Nova História e Novo Mundo*, Frédéric Mauro.
14. *As Estruturas Narrativas*, Tzvetan Todorov.
15. *Sociologia do Esporte*, Georges Magnane.
16. *A Arte no Horizonte do Provável*, Haroldo de Campos.
17. *O Dorso do Tigre*, Benedito Nunes.
18. *Quadro da Arquitetura no Brasil*, Nestor Goulart Reis Filho.
19. *Apocalípticos e Integrados*, Umberto Eco.
20. *Babel & Antibabel*, Paulo Rónai.
21. *Planejamento no Brasil*, Betty Mindlin Lafer.
22. *Lingüística. Poética. Cinema*, Roman Jakobson.
23. *LSD*, John Cashman.

24. *Crítica e Verdade*, Roland Barthes.
25. *Raça e Ciência I*, Juan Comas e outros.
26. *Shazam!*, Álvaro de Moya.
27. *Artes Plásticas na Semana de 22*, Aracy Amaral.
28. *História e Ideologia*, Francisco Iglésias.
29. *Peru: da Oligarquia Econômica à Militar*, Arnaldo Pedroso d'Horta.
30. *Pequena Estética*, Max Bense.
31. *O Socialismo Utópico*, Martin Buber.
32. *A Tragédia Grega*, Albin Lesky.
33. *Filosofia em Nova Chave*, Susanne K. Langer.
34. *Tradição, Ciência do Povo*, Luís da Câmara Cascudo.
35. *O Lúdico e as Projeções do Mundo Barroco*, Affonso Ávila.
36. *Sartre*, Gerd A. Bornheim.
37. *Planejamento Urbano*, Le Corbusier.
38. *A Religião e o Surgimento do Capitalismo*, R. H. Tawney.
39. *A Poética de Maiakóvski*, Boris Schnaiderman.
40. *O Visível e o Invisível*, M. Merleau-Ponty.
41. *A Multidão Solitária*, David Riesman.
42. *Maiakóvski e o Teatro de Vanguarda*, A. M. Ripellino.
43. *A Grande Esperança do Século XX*, J. Fourastié.
44. *Contracomunicação*, Décio Pignatari.
45. *Unissexo*, Charles E. Winick.
46. *A Arte de Agora, Agora*, Herbert Read.
47. *Bauhaus: Novarquitetura*, Walter Gropius.
48. *Signos em Rotação*, Octavio Paz.
49. *A Escritura e a Diferença*, Jacques Derrida.
50. *Linguagem e Mito*, Ernst Cassirer.
51. *As Formas do Falso*, Walnice Nogueira Galvão.
52. *Mito e Realidade*, Mircea Eliade.
53. *O Trabalho em Migalhas*, Georges Friedmann.
54. *A Significação no Cinema*, Christian Metz.
55. *A Música Hoje*, Pierre Boulez.
56. *Raça e Ciência II*, L. C. Dunn e outros.
57. *Figuras*, Gérard Genette.
58. *Rumos de uma Cultura Tecnológica*, Abraham Moles.
59. *A Linguagem do Espaço e do Tempo*, Hugh M. Lacey.
60. *Formalismo e Futurismo*, Krystyna Pomorska.
61. *O Crisântemo e a Espada*, Ruth Benedict.
62. *Estética e História*, Bernard Berenson.
63. *Morada Paulista*, Luís Saia.
64. *Entre o Passado e o Futuro*, Hannah Arendt.
65. *Política Científica*, Heitor G. de Souza, Darcy F. de Almeida e Carlos Costabeiro.
66. *A Noite da Madrinha*, Sérgio Miceli.
67. *1822: Dimensões*, Carlos Guilherme Mota e outros.
68. *O Kitsch*, Abraham Moles.
69. *Estética e Filosofia*, Mikel Dufrenne.
70. *O Sistema dos Objetos*, Jean Baudrillard.
71. *A Arte na Era da Máquina*, Maxwell Fry.
72. *Teoria e Realidade*, Mario Bunge.
73. *A Nova Arte*, Gregory Battcock.
74. *O Cartaz*, Abraham Moles.
75. *A Prova de Gödel*, Ernest Nagel e James R. Newman.
76. *Psiquiatria e Antipsiquiatria*, David Cooper.
77. *A Caminho da Cidade*, Eunice Ribeiro Durhan.

78. *O Escorpião Encalacrado*, Davi Arrigucci Junior.
79. *O Caminho Crítico*, Northrop Frye.
80. *Economia Colonial*, J. R. Amaral Lapa.
81. *Falência da Crítica*, Leyla Perrone Moisés.
82. *Lazer e Cultura Popular*, Joffre Dumazedier.
83. *Os Signos e a Crítica*, Cesare Segre.
84. *Introdução à Semanálise*, Julia Kristeva.
85. *Crises da República*, Hannah Arendt.
86. *Fórmula e Fábula*, Willi Bolle.
87. *Saída, Voz e Lealdade*, Albert Hirschman.
88. *Repensando a Antropologia*, E. R. Leach.
89. *Fenomenologia e Estruturalismo*, Andrea Bonomi.
90. *Limites do Crescimento*, Donella H. Meadows e outros (Clube de Roma).
91. *Manicômios, Prisões e Conventos*, Erving Goffman.
92. *Maneirismo: o Mundo como Labirinto*, Gustav R. Hocke.
93. *Semiótica e Literatura*, Décio Pignatari.
94. *Cozinhas, etc.*, Carlos A. C. Lemos.
95. *As Religiões dos Oprimidos*, Vittorio Lanternari.
96. *Os Três Estabelecimentos Humanos*, Le Corbusier.
97. *As Palavras sob as Palavras*, Jean Starobinski.
98. *Introdução à Literatura Fantástica*, Tzvetan Todorov.
99. *Significado nas Artes Visuais*, Erwin Panofsky.
100. *Vila Rica*, Sylvio de Vasconcellos.
101. *Tributação Indireta nas Economias em Desenvolvimento*, John. F. Due.
102. *Metáfora e Montagem*, Modesto Carone.
103. *Repertório*, Michel Butor.
104. *Valise de Cronópio*, Julio Cortázar.
105. *A Metáfora Crítica*, João Alexandre Barbosa.
106. *Mundo, Homem, Arte em Crise*, Mário Pedrosa.
107. *Ensaios Críticos e Filosóficos*, Ramón Xirau.
108. *Do Brasil à América*, Frédéric Mauro.
109. *O Jazz, do Rag ao Rock*, Joachim E. Berendt.
110. *Etc... Etc... (Um Livro 100% Brasileiro)*, Blaise Cendrars.
111. *Território da Arquitetura*, Vittorio Gregotti.
112. *A Crise Mundial da Educação*, Philip H. Coombs.
113. *Teoria e Projeto na Primeira Era da Máquina*, Reyner Banham.
114. *O Substantivo e o Adjetivo*, Jorge Wilheim.
115. *A Estrutura das Revoluções Científicas*, Thomas S. Kuhn.
116. *A Bela Época do Cinema Brasileiro*, Vicente de Paula Araújo.
117. *Crise Regional e Planejamento*, Amélia Cohn.
118. *O Sistema Político Brasileiro*, Celso Lafer.
119. *Êxtase Religioso*, Ioan Lewis.
120. *Pureza e Perigo*, Mary Douglas.
121. *História, Corpo do Tempo*, José Honório Rodrigues.
122. *Escrito sobre um Corpo*, Severo Sarduy.
123. *Linguagem e Cinema*, Christian Metz.
124. *O Discurso Engenhoso*, Antonio José Saraiva.
125. *Psicanalisar*, Serge Leclaire.
126. *Magistrados e Feiticeiros na França do Século XVII*, Robert Mandrou.
127. *O Teatro e sua Realidade*, Bernard Dort.
128. *A Cabala e seu Simbolismo*, Gershom G. Scholem.
129. *Sintaxe e Semântica na Gramática Transformacional*, A. Bonomi e G. Usberti.
130. *Conjunções e Disjunções*, Octavio Paz.
131. *Escritos sobre a História*, Fernand Braudel.

132. *Escritos*, Jacques Lacan.
133. *De Anita ao Museu*, Paulo Mendes de Almeida.
134. *A Operação do Texto*, Haroldo de Campos.
135. *Arquitetura, Industrialização e Desenvolvimento*, Paulo J. V. Bruna.
136. *Poesia-Experiência*, Mario Faustino.
137. *Os Novos Realistas*, Pierre Restany.
138. *Semiologia do Teatro*, J. Guinsburg e J. Teixeira Coelho Netto.
139. *Arte-Educação no Brasil*, Ana Mae T. B. Barbosa.
140. *Borges: uma Poética da Leitura*, Emir Rodríguez Monegal.
141. *O Fim de uma Tradição*, Robert W. Shirley.
142. *Sétima Arte: um Culto Moderno*, Ismail Xavier.
143. *A Estética do Objetivo*, Aldo Tagliaferri.
144. *A Construção do Sentido na Arquitetura*, J. Teixeira Coelho Netto.
145. *A Gramática do Decameron*, Tzvetan Todorov.
146. *Escravidão, Reforma e Imperialismo*, Richard Graham.
147. *História do Surrealismo*, Maurice Nadeau.
148. *Poder e Legitimidade*, José Eduardo Faria.
149. *Práxis do Cinema*, Noel Burch.
150. *As Estruturas e o Tempo*, Cesare Segre.
151. *A Poética do Silêncio*, Modesto Carone.
152. *Planejamento e Bem-Estar Social*, Henrique Rattner.
153. *Teatro Moderno*, Anatol Rosenfeld.
154. *Desenvolvimento e Construção Nacional*, S. N. Eisenstadt.
155. *Uma Literatura nos Trópicos*, Silviano Santiago.
156. *Cobra de Vidro*, Sérgio Buarque de Holanda.
157. *Testando o Leviathan*, Antonia Fernanda Pacca de Almeida Wright.
158. *Do Diálogo e do Dialógico*, Martin Buber.
159. *Ensaios Lingüísticos*, Louis Hjelmslev.
160. *O Realismo Maravilhoso*, Irlemar Chiampi.
161. *Tentativas de Mitologia*, Sérgio Buarque de Holanda.
162. *Semiótica Russa*, Boris Schnaiderman.
163. *Salões, Circos e Cinema de São Paulo*, Vicente de Paula Araújo.
164. *Sociologia Empírica do Lazer*, Joffre Dumazedier.
165. *Física e Filosofia*, Mario Bunge.
166. *O Teatro Ontem e Hoje*, Célia Berrettini.
167. *O Futurismo Italiano*, Aurora F. Bernardini (org.).
168. *Semiótica, Informação e Comunicação*, J. Teixeira Coelho Netto.
169. *Lacan: Operadores da Leitura*, Américo Vallejo e Ligia Cadermatori Magalhães.
170. *Dos Murais de Portinari aos Espaços de Brasília*, Mário Pedrosa.
171. *O Lírico e o Trágico em Leopardi*, Helena Parente Cunha.
172. *A Criança e a FEBEM*, Marlene Guirado.
173. *Arquitetura Italiana em São Paulo*, Anita Salmoni e Emma Debenedetti.
174. *Feitura das Artes*, José Neistein.
175. *Oficina: do Teatro ao Te-Ato*, Armando Sérgio da Silva.
176. *Conversas com Igor Stravinski*, Robert Craft.
177. *Arte como Medida*, Sheila Leirner.
178. *Nzinga: Resistência Africana ao Colonialismo Português*, Roy Glasgow.
179. *O Mito e o Herói no Moderno Teatro Brasileiro*, Anatol Rosenfeld.
180. *A Industrialização do Algodão em São Paulo*, Maria Regina de M. Ciparrone Mel
181. *Poesia com Coisas*, Marta Peixoto.
182. *Hierarquia e Riqueza na Sociedade Burguesa*, Adeline Daumard.
183. *Natureza e Sentido da Improvisação Teatral*, Sandra Chacra.
184. *O Pensamento Psicológico*, Anatol Rosenfeld.
185. *Mouros, Franceses e Judeus*, Luís da Câmara Cascudo.
186. *Tecnologia, Planejamento e Desenvolvimento Autônomo*, Francisco R. Sagasti.

187. *Mário Zanini e seu Tempo*, Alice Brill.
188. *O Brasil e a Crise Mundial*, Celso Lafer.
189. *Jogos Teatrais*, Ingrid Dormien Koudela.
190. *A Cidade e o Arquiteto*, Leonardo Benevolo.
191. *Visão Filosófica do Mundo*, Max Scheler.
192. *Stanislavski e o Teatro de Arte de Moscou*, J. Guinsburg.
193. *O Teatro Épico*, Anatol Rosenfeld.
194. *O Socialismo Religioso dos Essênios: a Comunidade de Qumran*, W. J. Tyloch.
195. *Poesia e Música*, Antônio Manuel e outros.
196. *A Narrativa de Hugo de Carvalho Ramos*, Albertina Vicentini.
197. *Vida e História*, José Honório Rodrigues.
198. *As Ilusões da Modernidade*, João Alexandre Barbosa.
199. *Exercício Findo*, Décio de Almeida Prado.
200. *Marcel Duchamp: Engenheiro do Tempo Perdido*, Pierre Cabanne.
201. *Uma Consciência Feminista: Rosario Castellanos*, Beth Miller.
202. *Neolítico: Arte Moderna*, Ana Claudia de Oliveira.
203. *Sobre Comunidade*, Martin Buber.
204. *O Heterotexto Pessoano*, José Augusto Seabra.
205. *O que é uma Universidade?*, Luiz Jean Lauand.
206. *A Arte da Performance*, Jorge Glusberg.
207. *O Menino na Literatura Brasileira*, Vânia Maria Resende.
208. *Do Anti-Sionismo ao Anti-Semitismo*, Léon Poliakov.
209. *Da Arte e da Linguagem*, Alice Brill.
210. *A Linguagem da Sedução*, Ciro Marcondes Filho (org.).
211. *O Teatro Brasileiro Moderno*, Décio de Almeida Prado.
212. *Qorpo-Santo: Surrealismo ou Absurdo?*, Eudinyr Fraga.
213. *Conhecimento, Linguagem, Ideologia*, Marcelo Dascal.
214. *A Voragem do Olhar*, Regina Lúcia Pontieri.
215. *Notas para uma Definição de Cultura*, T. S. Eliot.
216. *Guimarães Rosa: as Paragens Mágicas*, Irene J. Gilberto Simões.
217. *A Música Hoje 2*, Pierre Boulez.
218. *Borges & Guimarães*, Vera Mascarenhas de Campos.
219. *Performance como Linguagem*, Renato Cohen.
220. *Walter Benjamin – a História de uma Amizade*, Gershon Scholem.
221. *A Linguagem Liberada*, Kathrin Holzermayr Rosenfield.
222. *Colômbia Espelho América*, Edvaldo Pereira Lima.
223. *Tutaméia: Engenho e Arte*, Vera Novis.
224. *Por que Arte?*, Gregory Battcock.
225. *Escritura Urbana*, Eduardo de Oliveira Elias.
226. *Analogia do Dissimilar*, Irene A. Machado.
227. *Jazz ao Vivo*, Carlos Calado.
228. *O Poético: Magia e Iluminação*, Álvaro Cardoso Gomes.
229. *Dewey: Filosofia e Experiência Democrática*, Maria Nazaré de Camargo Pacheco Amaral.
230. *Grupo Macunaíma: Carnavalização e Mito*, David George.
231. *O Bom Fim do* Shtetl: *Moacyr Scliar*, Gilda Salem Szklo.
232. *Aldo Bonadei: o Percurso de um Pintor*, Lisbeth Rebollo Gonçalves.
233. *O Bildungsroman Feminino: Quatro Exemplos Brasileiros*, Cristina Ferreira Pinto.
234. *Romantismo e Messianismo*, Michel Löwy.
235. *Do Simbólico ao Virtual*, Jorge Lucio de Campos.
236. *O Jazz como Espetáculo*, Carlos Calado.
237. *Arte e seu Tempo*, Sheila Leirner.
238. *O Super-Homem de Massa*, Umberto Eco.
239. *Artigos Musicais*, Livio Tragtenberg.
240. *Borges e a Cabala*, Saúl Sosnowski.

241. *Bunraku: um Teatro de Bonecos*, Sakae M. Giroux e Tae Suzuki.
242. *De Berlim a Jerusalém*, Gershom Scholem.
243. *Os Arquivos Imperfeitos*, Fausto Colombo.
244. *No Reino da Desigualdade*, Maria Lúcia de Souza B. Pupo.
245. *Comics da Imigração na América*, John J. Appel e Selma Appel.
246. *A Arte do Ator*, Richard Boleslavski.
247. *Metalinguagem & Outras Metas*, Haroldo de Campos.
248. *Um Vôo Brechtiano*, Ingrid Dormien Koudela (org.).
249. *Correspondência*, Walter Benjamin e Gershom Scholem.
250. *A Ironia e o Irônico*, D. C. Muecke.
251. *Autoritarismo e Eros*, Vilma Figueiredo.
252. *Ensaios*, Alan Dundes.
253. *Caymmi: Uma Utopia de Lugar*, Antonio Risério.
254. *Texto/Contexto II*, Anatol Rosenfeld.
255. *História da Literatura Alemã*, Anatol Rosenfeld.
256. *Prismas do Teatro*, Anatol Rosenfeld.
257. *Letras Germânicas*, Anatol Rosenfeld.
258. *Negro, Macumba e Futebol*, Anatol Rosenfeld.
259. *Thomas Mann*, Anatol Rosenfeld.
260. *Letras e Leituras*, Anatol Rosenfeld.
261. *Teatro de Anchieta a Alencar*, Décio de Almeida Prado.
262. *Um Jato na Contramão: Buñuel no México*, Eduardo Peñuela Cañizal (or
263. *Isaiah Berlin: Com Toda a Liberdade*, Ramin Jahanbegloo.
264. *Indústria Cultural: A Agonia de um Conceito*, Paulo Puterman.
265. *O Golem, Benjamin, Buber e Outros Justos: Judaica I*, Gershom Scholem.
266. *O Nome de Deus, a Teoria da Linguagem, e Outros Estudos de Cabala e Mí. Judaica II*, Gershom Scholem.
267. *A Cena em Sombras*, Leda Maria Martins.
268. *Darius Milhaud: Em Pauta*, Claude Rostand
269. *O Guardador de Signos*, Rinaldo Gama
270. *Mito*, K. K. Ruthven